3 YEARS

スリー・イヤーズ

復興の現場から、希望と愛を込めて

編：東北復興新聞
著：本間勇輝・美和

はじめに

東北の復興という言葉を聞いて、
いま皆さんはどんなことを考えるだろう？

減ってきた報道の中でたまに目にするのは、
復興予算の流用問題、汚染水問題、進まぬ除染……
つまり大変だけど進んでない、そんなイメージかもしれない。

僕たちは復興現場の「よき取り組み」を紹介する
専門紙「東北復興新聞」の発行を続けてきた。
産業、まちづくり、医療、教育。
好事例があると聞けば分野を問わず現場へ向かった。

目に見えづらいが、復興の歩みは確かに進んでいる。
そして誤解を恐れずに言えば、復興現場は、面白い。
東北の人々はいま、新しい町、新しい暮らしをつくろうとしている。
それは以前より抱えていた数々の問題を一緒に解決する、
クリエイティブな復興への取り組みだ。

漁師、農家、官僚、行政マン、企業戦士、社会起業家、高校生。
取材を通じて出会った彼らのストーリーと、
続々と生まれている画期的な取り組みを通じて、
面白くてカッコよくて、希望にあふれる東北を感じてもらえたらと思う。

東北復興新聞　発行人
本間 勇輝

contents 目次

1章 ▶ 6 Questions　P4
何が、どうなってる？
復興の基本のキホン、教えます

- Q1 復興って、なんだ？
- Q2 何がどこまで進んだの？
- Q3 どんなまちをつくるの？
- Q4 産業・仕事はどう変わる？
- Q5 福島はどうなってるの？
- Q6 復興、誰がどう進めてる？

2章 ▶ 15 Stories　P18
ここに希望があった！
僕らがシビれた15人のストーリー

食べものづくりの未来

1. 僕らが変える！楽しくて儲かる、新しい漁業へ　P20
   阿部勝太（28）　漁師
2. グローバルブランドいちごを生み出した農業×ICT×共創マネジメントとは　P32
   岩佐大輝（36）　農業生産法人GRA
3. 世なおしは、食なおし。食を通じて都市と地方をかきまぜる　P40
   高橋博之（39）　NPO法人東北開墾

子供たちの未来

4. 誰よりも教育復興現場を歩いた若手官僚。　P48
   南郷市兵（35）　文部科学省
5. いわきから始まる教育改革。東北を引っ張るリーダーが生まれている！　P56
   佐川秀雄（58）　いわき市教育委員会
6. ACTION IS A MESSAGE. あの日を経験した高校生の実力　P68
   田畑祐梨（18）　志津川高校

ふるさとの未来

7. 市民力アップとなりわい創出で、皆が帰って来れるまちづくり　P76
   鹿野順一（48）　NPO法人＠リアスNPOサポートセンター
8. 「対立」の時代を超えて。ふるさと浪江を再生させる　P86
   玉川啓（42）　前浪江町役場
9. 持続可能な地域をつくる。戦略家がしかけるコミュニティづくりの一手　P94
   菊池広人（35）　いわてNPO-NETサポート

ふくしまの未来

10. 福島のリアルを発信せよ。若きリーダーが描くふるさとの暮らし　P102
    佐藤健太（31）　ふくしま会議
11. 誇り高き漁師が相馬復活の狼煙をあげる。　P110
    菊池基文（37）　漁師
12. 小さく、確かなところから。悩みの末に見つけた新しい生き方。　P120
    木下真理子（36）　りんごハウス

社会の未来

13. 全国最年少の副市長が挑む、地方都市の未来。　P130
    嶋田賢和（30）　釜石市
14. 社会貢献を超え社会創造へ。「社内社会起業家」がつなぐ企業と社会　P138
    生川慎二（44）　富士通株式会社
15. 「社会を変える」を実践しゆく復興業界の頭脳　P148
    藤沢烈（38）　RCF復興支援チーム

3章 ▶ 30 Projects　P158
これから応援したい！
希望溢れる注目のプロジェクト

1-6. ビジネスをつくり出せ！
7-12. 東北の食を変えていく
13-18. 皆が笑顔のまちづくり
19-24. 光る！高校生のパワー
25-30. 東北から未来のリーダーを

4章 ▶ 100 Things　P170
「復興びと」50人が推薦！
最新の東北「食・買・観」ガイド

絶対食べてほしい！名物の一品／こっそり教える食堂・居酒屋／ほっと一息スイーツ＆カフェ
東北沿岸で買うなら海のもの／お取り寄せしたい東北の美味／想いが詰まったグッズ＆アイテム
来て観て体験して！観光スポット／まだあるおすすめ祭り・温泉・宿

1

第1章 6 Questions

第1章　6 Questions

何が、どうなってる?
復興の基本のキホン、教えます

今さら誰にも聞けないけど‥‥‥復興って、つまり何?
3年間の復興の成果と、これからの課題を解説します。
まずはざっくり、復興の全体図を押さえましょう。

6 Questions

Q1. 復興って、何

住む所 / 仕事 / 日常 / 町のにぎわい

1 壊れたものを「元に戻す」復興

生活インフラは概ね完了！

電気、ガス、上下水道、道路、鉄道、交通、漁港、農地、市場、学校、病院、介護施設 ...etc.

3 福島を中心とした「原発事故からの」復興

時間がかかるよ

避難区域再編、帰還準備、避難者の生活支援、自治システム、除染、事故処理、汚染水、廃炉、風評被害、賠償 ...etc.

1つは道路や公共施設など、国・行政主導で進めてきた「元に戻す」復旧に近い作業。次に、何もなくなってしまった土地に新しく町を再建する、住民の新しいコミュニティをつくる、医療サービスを整えるといった「町をつくり、それが町として機能する状態をつくる」こと。最後が原発事故によるさまざまな問題の解決だ。次のページからさらに詳しく見ていこう。

だ？

「復興」は、人によっても、意味するものはさまざま…

一言で「復興」と言っても、さまざまな意味を含んでいるし、人によっても解釈が違う。そこで『東北復興新聞』では、以下のような3つに整理してみたよ。3年間で大きく進んだのはハードの部分で、これからソフト面の復興に入っていく。それは「震災前よりいい東北」を創ることでもあるんだ。

- 工場再建
- 生きがい
- 安全
- 人口増

② 失ったものを「新しく創る」復興

いよいよこれから！

高台移転、住宅再建、商店街、公園、公共サービス、高齢者ケア、コミュニティづくり、にぎわい創出、産業振興、観光開発 …etc.

ここがPOINT!

これは、「震災前より良くする」復興でもあるんだ！

東北にもともとあった社会課題

- 過疎
- 少子高齢化
- 産業の衰退
- 若者の流出
- 医療過疎
- …etc.

の解決にも挑戦していくよ！

6 Questions

Q2. 何がどこまで進

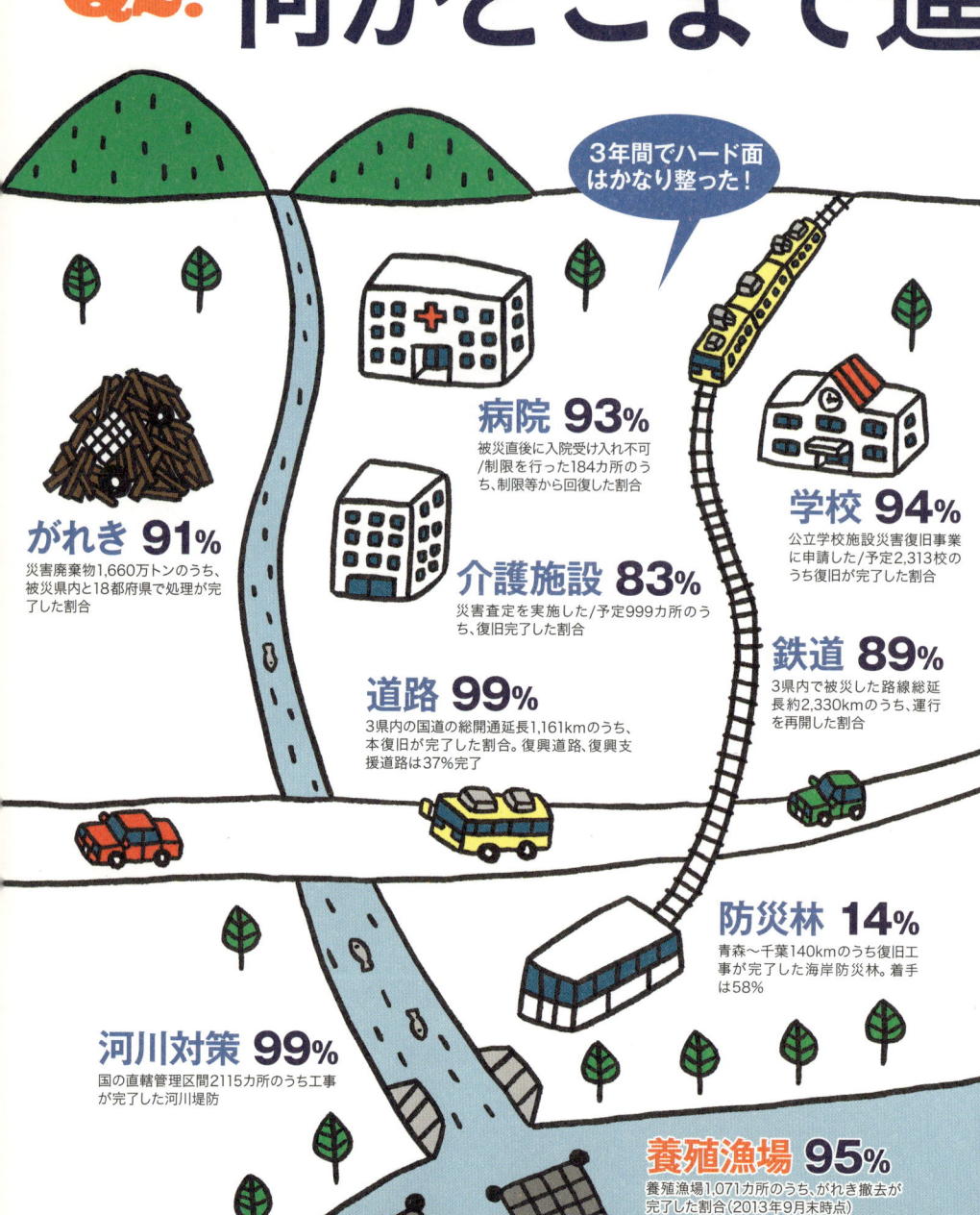

3年間でハード面はかなり整った！

がれき 91%
災害廃棄物1,660万トンのうち、被災県内と18都府県で処理が完了した割合

病院 93%
被災直後に入院受け入れ不可/制限を行った184カ所のうち、制限等から回復した割合

介護施設 83%
災害査定を実施した/予定999カ所のうち、復旧完了した割合

道路 99%
3県内の国道の総開通延長1,161kmのうち、本復旧が完了した割合。復興道路、復興支援道路は37%完了

学校 94%
公立学校施設災害復旧事業に申請した/予定2,313校のうち復旧が完了した割合

鉄道 89%
3県内で被災した路線総延長約2,330kmのうち、運行を再開した割合

防災林 14%
青森〜千葉140kmのうち復旧工事が完了した海岸防災林。着手は58%

河川対策 99%
国の直轄管理区間2115カ所のうち工事が完了した河川堤防

養殖漁場 95%
養殖漁場1,071カ所のうち、がれき撤去が完了した割合（2013年9月末時点）

養殖施設 84%
岩手・宮城の再開希望施設数76,193のうち、復旧した養殖施設（2013年9月末時点）

※記述が無いものは全て2014年1月発表のデータ（復興庁）
※説明文中の「3県」とは、主な被災3県＝岩手・宮城・福島県を指す

んだの？

道路や施設、交通など面の復旧は早く進んだけど、行政と住民で話し合いが必要な、浸水した土地の活用や集団移転などは、時間がかかった。それらの計画がこの3年でだいぶ固まり、いよいよまちづくりが本格化。産業の復興もこれからだ。

仮設住宅に暮らす人 10万2650人

震災による避難者の数は、震災3日後の約47万人から27万306人と約半分に減少。うち48%が民間住宅、37%が仮設住宅に暮らしている。また県外に避難した人の数は避難者の21%の5万8800人。うち岩手県からは約1,501人、宮城県からは約7,159人、福島県からが約4万8,944人だ（2013年12月12日時点）

住民合意がすみ いよいよ工事が本格化！

高台への移転 5%
（防災集団移転）
復興工程表に基づき面整備事業を行う332地区のうち、造成工事完了の割合。着工済みは64%。集団移転を行うか否かの住民合意形成には時間がかかった

復興住宅 2%
岩手県、宮城県が公表している必要災害公営住宅21,811戸のうち、整備が完了した割合。着工済みは61%。

土地区画整理 0%
復興工程表に基づき面整備事業を行う51地区のうち、造成工事完了の割合。着工済みは65%、事業化の段階に達したのは95%。用地取得にも時間がかかるのだ

水産加工施設 78%
被災した3県の水産加工施設830カ所で業務再開した割合

水揚げ額 75%
3県の主な魚市場9カ所の2012年11月〜1年間の水揚げ額を、被災前2010年3月〜1年間と比較した割合

漁港 37%
被災した319漁港のうち、陸揚げ岸壁の機能が全て回復した割合

農地 63%
青森〜千葉県の津波被災農地21,480haのうち、営農再開可能になった割合

防潮堤 14%
（海岸対策）
被災した地区海岸数471のうち、防潮堤を含む本復旧工事を完了した海岸の割合。着手は57%。復興計画策定の際に一旦は決まったけれど、逆に危険・景観を損ねる、などの理由で再検討を求める住民の反対運動が各地で起き、是非が問われているんだ

見直しを求める声も

産業の復興もこれからの課題

中小企業の売上げ 37%
施設・設備の復旧のための「グループ補助金」交付先9,365事業者が、アンケートで「売上げが震災直前の水準以上まで回復した」と答えた割合（2013年6月）。最高だったのが建設業66%、最低だったのが水産・食品加工業14%。設備は復旧しても、商売は簡単にいかない

6 Questions

Q3. どんなまちをつ

震災による被害
沿岸市街地の浸水・地盤沈下
家屋・公共施設・商店などの損壊

PLUS

もともとあった社会課題
高齢化、介護医療サービス不足
若者の流出、子育てサービス不足
商店街の衰退（シャッター通り）

新しい理想の まちづくり！

- ★災害に強い
- ★商店街の活気
- ★お年寄りが安心
- ★自然と共存
- ★子育てしやすい
- ★エネルギーの循環

再生エネルギー
循環型のスマートコミュニティ構想。電気自動車のカーシェアリングも！

住居ゾーン
地域の伝統的な暮らし・文化を残し伝える施設や催しも計画

メガソーラー
バイオマス
住居
電気自動車
メモリアルパーク

震災の記憶を伝えるゾーン
未来に続く防災意識のために。県外の人を案内する語り部や資料館も

3年間でどこまで進んだの？

震災から1年はハード面を中心とした復旧を進めつつ、町の復興計画をつくった。2年目からは、その計画を具体化するために、土地の持ち主との交渉や、教育・産業・まちづくりなどの各テーマに分かれての話し合いを重ねた。**行政と住民で意見をあわせるための下準備の期間だったんだ。**

これからのポイントは？

これから、復興計画に基づいてどんどん工事が進んでいく。しかし重要なのは、新しい道路や建物ができた上で、どんな暮らしや営みをつくるのかというソフト面だ。ここは行政だけでは完結しない、**民間の力が活きる部分。どれだけ住民が主体となって進められるかがポイントになる。**

くるの？

震災後半年〜1年で、被災した市町村は「復興計画」を作った。これはどんな新しいまちをどのようにつくるのかを皆で考えたプラン。用地の整備などで下準備がかかったけど、これからいよいよ復興計画の実現、つまり理想の新しいまちづくりが本格的に始まるんだ。

商業ゾーン
皆がいきいきと働く、人情味と活気ある商店街

公共サービスゾーン
子育て世代もお年寄りも安心できる施設充実

高台住居ゾーン
催しや祭りでコミュニティ活性・医療介護の在宅サービスや見守り隊・買い物支援など

役場
商店街
中小企業
保育園
医療介護施設
公営住宅
集会所
避難道
コミュニティバス
公園
道路（盛り土）
防災林

防災対策
災害に強く、避難しやすい機能。避難訓練や学校での防災教育も徹底

たとえば、機能がぎゅぎゅっと詰まった、こんなコンパクトシティ

6 Questions

Q4. 産業・仕事は

ハード面やまちづくりは計画を立てられるけど、産業や仕事についてはそう簡単にはいかない。被災した事業者の売上は、3年が経過しても震災前の基準にも達していない。しかし確実に新しい流れは生まれつつある。産業復興のキーワードを、下のイラストにまとめてみた。

震災による被害
船や漁港、工場など施設・設備の損壊
以前からのローン＋再建費用（二重ローン）
大口の取引先を失い戻らない
風評被害

PLUS

もともとあった社会課題
漁業など産業全般の後継者不足、高齢化
ブランド力なく買いたたき、儲からない
革新や成長がない
やりがい不足

新しい産業・ビジネスづくり！
★ 単価が上がる商品開発やブランドづくり
★ 組合に卸すだけでない新しい販路と売り方
★ 地域から起業家を発掘、教育、ネットワーク
★ 外部の企業や売り手とのマッチング

損壊した施設などは国の補助や企業、個人による支援でかなり復旧した。被災した事業者の売上はまだまだ震災前の水準には戻っていないが[*1]、最新技術の設備の導入や水産業のEC直販ビジネスの広がり、内閣府事業[*2]による起業家600人の誕生など、新しい動きも。

※主な補助と成果
グループ補助金：9,000事業者に約4,000億円
中小企業基盤整備機構：549の仮設店舗・工場等を整備

*1 本書9ページ「中小企業の売上」参照
*2 内閣府の2012年度事業「復興支援型地域社会雇用創造事業」

企業連携
外部企業

小さな起業家
かあちゃんの小商い

林業者　レストラン　パン屋　観光業者　販売業者　卸業者　事業者

連携

どう変わる？

◀ 産業復興のキーワード

広報・メディア

WEB制作

デザイン

水産加工場

人材マッチング
クリエイター
専門家

商品開発
加工業者

漁師

果物農家

ICT先端農業

漁協・市場

後継ぎ

後継者育成

野菜農家

レストラン

商店街
マルシェ・朝市

小売り
都市のデパート

販路開拓

ネットワーク
若手漁師たち

これからのポイントは？

産業復興のための**イノベーション**の鍵を握るのは、なんといっても**人材**。魅力ある商品の開発やブランディングが進み、やりがいがあり稼げる仕事が増えていくことは、後継者や外からの移住者を増やすことにもつながる。特にスキルを持ったプロフェッショナル人材と全体を見るマネジメント人材へのニーズが高い。

13

6 Questions

Q5. 福島はどうなっ

1 避難状況
避難者は約14万人[※1]。県外避難は減少傾向

県外避難者
4.8万人[※1]

全県民数の2.5%。
避難先は全国の46都道府県へ。
ピークだった2012年3月の6.3万人から徐々に減っている。

県内避難者
8.7万人[※1]

帰る人、帰らない人、両方に打ち手が必要なんだ

これからの課題

長期避難者の支援
避難先での暮らしを支えるための、各種サービスや住宅、就労、子育て環境、コミュニティなどの支援

希望者が帰還できる環境づくり
復興公営住宅の整備や子供たちの遊び場確保など

2 避難区域の再編
帰還できる地域が見えてきた

避難指示解除準備区域
(年間積算線量20ミリシーベルト以下)
▶ **帰還できることがほぼ見えた地域**
除染やインフラ復旧、雇用対策など帰還準備を進めている。避難指示解除の見込みは概ね事故発生から3〜5年後。この区域からの避難者は約3万4,000人。

居住制限区域
(年間積算線量20〜50ミリシーベルト)
▶ **帰還できる見込みの地域**
将来に備えて帰還準備の計画を立て、実施していく。避難指示解除の見込みは概ね事故発生から5〜6年後。この区域からの避難者は約2万4,000人。

帰還困難区域
(年間積算線量50ミリシーベルト超)
▶ **5年以上帰還ができない地域**
少なくとも5年間は帰還できない住民の立ち入りも制限されている。この区域からの避難者は約2万5,000人。

出典 *1:復興庁 資料「全国の避難者等の数」(2013年12月12日現在) / *2:復興庁 資料「原子力被災自治体における住民意向調査」/ *3:環境省HP「除染情報サイト」/ *4:東京電力HP「賠償金のお支払い状況」 ●すべて、WEBで見られる。名称を入れて検索を。

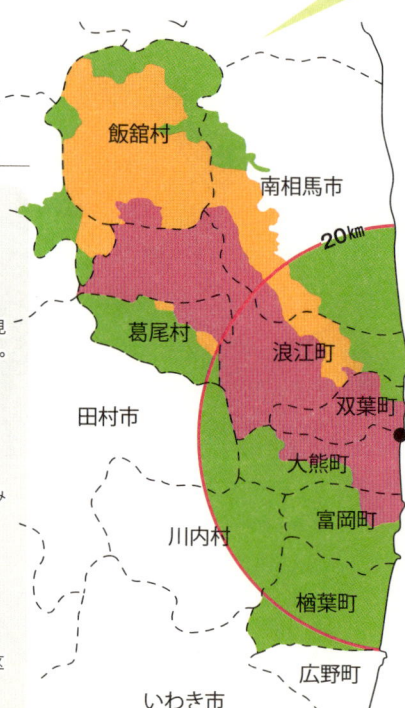

てるの？

原発事故からの復興は特別な状況

廃炉や除染、賠償や県外避難者の支援など過去に経験のない課題が山積みの原発事故からの復興。今なお難しい状況が続いている一方、原発周辺地域の「避難指示区域」の見直しが完了し、少しずつ帰還へ向けた動きも具体化しようとしている。

次の3つの要件を満たすと、避難指示が解除されるよ

どうしたら帰還できるようになるの？

❶ 電気、水道、交通網などの日常生活に必須なインフラが概ね復旧している
❷ 医療や介護、郵便などの生活関連サービスが概ね復旧している
❸ 特に子どもに関係する場所の除染が進んでいる

これからの課題

帰還できる環境づくり
インフラや生活サービスの復旧、農業などの仕事場の再開など

コミュニケーション
帰還を希望・検討する人へ向けた避難元自治体からのコミュニケーションの強化

ここがPoint! 状況も判断も人それぞれ。帰る・帰らないに正解はない

例えば大熊町は人口の96%が帰還困難区域で、住民意向調査では8.6%が「戻りたい」19.8%が「判断がつかない」。浪江町は人口の17%が帰宅困難区域で、18.8%が「戻りたい」44%が「判断がつかない」と答えている*2。帰る・帰らないで善悪も正不もない。個々人は迷いながら答えを出そうとしている。

3 除染　計画の遅れに不安

7市町村で遅れ
特に線量の高い11市町村は国の直轄除染地域となっており、1市は完了しているが7市町村が計画から遅れている。それ以外は市町村ごとの実施で、対象は8県94市町村に散在。現在完了は5市町。*3

※除染とは？ 放射線量を減らすために放射性物質を取り除くこと

双葉郡の3町に中間貯蔵施設を打診
除染作業で発生した汚染廃棄物を補完する中間貯蔵施設について、国は福島県大熊町、双葉町、楢葉町に建設受入を打診している。(2014年1月時点)

4 賠償　2021年まで延長に

2013年末で3.3兆円の支払実績
個人、自主避難者、事業者や地方公共団体が対象。一番大きいのは事業者向けの約1.6兆円(約23万件)の規模となっている。*4

時効延長の特例法
今回の原発事故に限り、賠償の時効が3年→10年に延長された。権利がありながら未請求の人も多い。

5 事故処理　汚染水問題の解決が急務

ロードマップは30-40年後に廃炉完了
政府と東京電力は中長期ロードマップを作成し、3-40年後の完了へ向け廃炉措置を進めている。一方、原発施設から汚染水が漏洩している問題が発生したが、いまだ解決を見ていない。最新情報を継続して確認したい。

6 風評被害　信頼回復へ努力が続く

新基準値で安全対策を強化
2012年4月より食品中の放射線物質の新たな基準値(年間線量1ミリシーベルト以下)が設定され検査も強化されている。

基準値以内でも気にする消費者も一定数
消費者庁による調査では「基準値以内の低線量であってもリスクは受け入れられない」人は18.9%*5という結果でまだまだ信頼は回復していない。

このように、原発事故がもたらした問題は非常に複雑。それぞれの状況でさまざまな判断があって今があることを理解し、**一人ひとりの多様な考え方を尊重しながら向き合っていきたい。**

6 Questions

Q6. 復興、誰がどう

つなぎ役の活躍が光る!

多様な関係者がいるからこそ、地域の中と外・地域住民と市町村などの間で協働関係をつくったり、支援とニーズをマッチングさせる「つなぎ役」の重要性が高まっている。つなぎ役に特化した「中間支援NPO」も活躍している。

被災した

協力

市町村
復興計画に沿って
まちづくりを進める

一緒にやりましょう！／しっかり進めますよ！

復興担当　福祉担当　土木担当
産業担当　教育委員会　etc.

合意

つなぎ役

トレンドはCSRからCSVへ！※2

つなぎ役

国（省庁／復興庁）
予算や制度
で現場を支える
5年間で25兆円の復興予算
特区制度で税制優遇、規制緩和
応援職員や復興支援員制度で人の支援

財団／企業
お金・人・知恵
を提供する
活動団体への助成金・児童〜若者への奨学金
民間企業の復興関連予算は1,000億円超※1
支援と教育を兼ねた社員ボランティア・社員派遣
協働プロジェクトを通じた技術・ノウハウ提供

※1 日本経済団体連合会(経団連)1%クラブ「社会貢献活動実績調査」によると、調査対象の経団連会員企業を中心とした約400社の東日本大震災関連支出は、2011年度と2012年度の合計で1003億円。調査対象外の企業を加えると全体予算はさらに大きくなる。
※2 Creating Shared Value(共通価値の創造)の略。ビジネスの手法で社会課題を解決することが、自社の競争力を高めると言う理論。ハーバード・ビジネス・スクールのマイケルポーター教授が提唱した。
※3 全国社会福祉協議会 資料「災害ボランティアセンターで受け付けたボランティア活動者数の推移」より。2011/3〜2013/11の合計値。

進めてる？

さまざまなプレイヤーが、持ち場や強みを活かして

復興は、被災した地域をあらゆる角度から元気にすること。だから担い手・関わり方もさまざまだ。「地域の人が主役」が前提のもと、国がベースの資金と制度で支えつつ、そこに企業、NPO、大学、個人、あらゆる人たちが強みを活かして取り組んでいる。

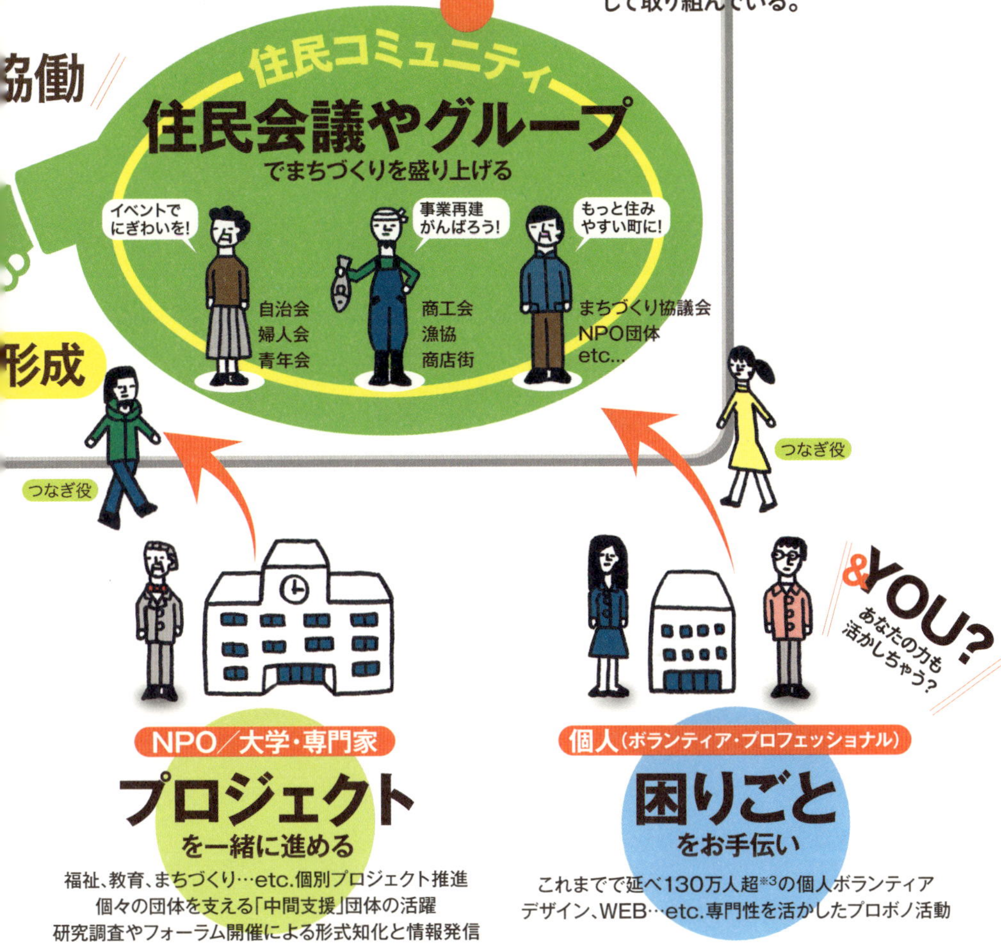

37市町村

協働

形成

住民コミュニティ
住民会議やグループ
でまちづくりを盛り上げる

- イベントでにぎわいを！
  自治会
  婦人会
  青年会
- 事業再建がんばろう！
  商工会
  漁協
  商店街
- もっと住みやすい町に！
  まちづくり協議会
  NPO団体
  etc…

つなぎ役

NPO／大学・専門家
プロジェクトを一緒に進める

福祉、教育、まちづくり…etc.個別プロジェクト推進
個々の団体を支える「中間支援」団体の活躍
研究調査やフォーラム開催による形式知化と情報発信

個人（ボランティア・プロフェッショナル）
困りごとをお手伝い

これまでで延べ130万人超[※3]の個人ボランティア
デザイン、WEB…etc.専門性を活かしたプロボノ活動

&YOU? あなたの力も活かしちゃう？

これからは「地域住民が主役の復興」が基本方針。

してあげるよりも一緒にやる、お金を出すよりも現地にビジネスをつくる、というように、まちづくりを地域住民が主体となって進められるような伴走型サポートに変わってきている。町の中からも、どんどんプロジェクトが生まれているんだ。

2

第2章 15 Stories

第2章 15 Stories

ここに希望があった！
僕らがシビれた15人のストーリー

「東北復興新聞」で復興現場を取材し続けた僕たちが
一番惚れ込み、シビれたのは、
現場で奮闘する人々の人柄と志と行動力、
そして彼らの語る希望の話でした。

阿部勝太
Shota Abe

STORY
1
食べものづくりの未来
15 STORIES

僕らが変える！
楽しくて儲かる、
新しい漁業へ。

Story 01 ｜食べものづくりの未来｜ Ishinomaki Miyagi / Shota Abe Interview

三陸の若手漁師たちが今、立ち上がり始めている。「震災を機に意識が変わった」と言う彼らは、自ら都市に出向いて消費者と交流し、流通・販売システムを学び、自分たちらしい新しい漁業の在り方を模索している。中でもYahoo!やオイシックスなど大手企業がこぞってプロデュースをオファーする「期待の星」が、阿部勝太さん。彼が先に見つめるのは漁師の後継者不足問題。被災地のみならず日本全国が抱える共通の課題だ。

漁師
阿部勝太 (28) 宮城県石巻市

1986年生まれ。宮城県石巻市北上町の十三浜で育った漁師。震災後、深刻な被災状況と後継者不足に奮起。5家族で協力し漁業生産組合「浜人(はまんと)」を立ち上げる。漁師自ら積極的に企画、営業をしかけYahoo!やオイシックスなどと組んでの商品開発や、加工会社、大型流通店との六次産業化事業の推進など、周囲を巻き込み精力的に活動する。二児の父。

魅力的な26歳の若者との出会い

「今まで僕がやってきた漁は、ものづくりではなく作業だったんです」。

　スゴい若手漁師がいると聞きつけ、商談のために上京中の彼に時間をもらったのは2012年の夏。渋谷の小さなレストランの店頭で、自身の育てたワカメの販売会の最中だった。濃密な1時間のインタビューの中で彼が放った言葉の数々、特に作業という単語は、強烈な印象を残した。

「以前は、漁をして漁協に卸して終わり。どう加工・販売されるのか気にしてもいなかった」。当時弱冠26歳の若者は、震災前の課題を淡々と説明する。でも自虐的だったり批判的な様子は一切ない。「漁業を、楽しくて儲かるものにしたいんです」というビジョンには、力強さがあった。鋭い表情で本質的な事を言ったかと思うと、次の瞬間にふっと見せる笑顔には若者らしさが覗く。この時点で僕は、彼の魅力に取りつかれていたのかもしれない。

　そしてインタビューから約1年半。今、彼は多くの商談を形にして流通を改革し、震災前の倍を大きく上回る売上を達成している。震災による被害だけでなく、震災前からの課題の解決にも挑む三陸漁業。彼のような若手漁師は、その希望なのだと期待が膨らませてくれる。

Shota Abe Interview **Story 01**

浜人結成。外に開いた漁業

　味噌汁で一晩経っても歯ごたえを感じる"筋肉質"なワカメ。世界三大漁場と言われる三陸の中でも、外洋で育成する宮城県石巻市北上町・十三浜のワカメはその品質から震災前、県内最高値をつけていた。しかし、住民の8割が漁業で生計を立てる漁師町・十三浜も、150人の漁師のうち20代は6人と、他の浜と同様に以前より後継者問題を抱えていた。4年前、この浜で家業を継いだ漁師、阿部勝太さんもその1人だった。

　震災が起こり、船も漁業機材、資材も全て流されてしまった。そして震災復興ボランティアがきっかけで外部の人との接点をつくる中で、独自で販売やイベント等の活動をしている若手農業者グループ「農家のこせがれネットワーク」の存在を知った。

　そこで出会ったのは「自分たちの世代でどうやって農業を変えていこう？」と高い意識を持ち行動する若手たち。同じ一次産業者として自分たちがいかに遅れているかショックを受けたという。

　「十三浜のワカメは宮城では一番の値がつくと誇りに思っていたけど、外では『三陸ワカメ』で一括りに思われていたことも知らなかった。ワカメの栄養も説明できなかった。外を全く見ていなかった。いや、見ようとしていなかったんです」。

食べものづくりの未来

　まず自分たちが学び、自ら外に出て、発信も行う。震災前に戻すだけでない新しい漁業を実現しようと、再建途中の5家族で集まり漁業生産組合「浜人」を設立した。ワカメのゆるキャラが登場しワカメや昆布の栄養素やレシピなどを発信するECサイト「WAKAMO」の立ち上げからスタート。慣れないパソコンの前に座り、ブログも書き始めた。放射能に関する勉強会に参加したり、都市に出向き消費者と対面する試食イベントにも参加を重ねた。

大手を巻き込み大ヒット連発

　こうして奮闘する若手の姿に、名だたる企業が「是非プロデュースしたい」と協力の手を差し伸べた。食品宅配大手のオイシックスやカフェ展開のカフェカンパニーを中心に結成された「東の食の会」、さらにインターネット大手のYahoo!が協働して、浜人の海産物のブランディングを行ったのだ。

　第一弾の素材として選ばれたのは、ホタテ。漁獲される中でも15％ほどという特大のホタテだけを選別して「デカプリホ」（デカくてプリっとしたホタテ）と命名。Yahooの展開する「復興デパートメント」や宅配サービス「Oisix」で販売された。発売当日にはテレビ東京「ワールドビジネスサテライト」にも紹介され、わずか3日で用意した全てのホタテが完売する大ヒットとなった。

Shota Abe Interview **Story 01**

他にも他社と連携してのプロジェクトを進めている。例えば2013年4月から開始した「十三浜絆わかめ」というブランド。これは浜人、千葉の海鮮専門加工会社、新潟の生協がチームとなって開発したものだ。漁業復興の文脈では、よく「6次産業化」がキーワードとして挙げられる。農業や水産業などの1次産業が、食品加工（2次産業）や流通・販売（3次産業）と融合して付加価値を高めていく（1×2×3＝6次産業）という考え方。彼が辿り着いたのは、生産者が自力で販売まで全部行うのではなく、それぞれプロがチームを組む形で実現するという6次産業化の形だった。「十三浜絆わかめ」は新潟生協のプライベートブランドとして大量に販売され、年間1千万円を超える成果をあげている。

自ら商談のかじをとる漁師

　被災した多くの漁業者、加工会社が業績の回復に苦戦をする中、いかにして彼は結果を出したのか。阿部さんは、浜人設立から最初の1年間は直販サイトの立ち上げや数百の流通への売り込みなど、とにかくがむしゃらにチャレンジをしたと振り返る。

　そうした末に見えて来たことがいくつかある。例えば価格戦略。最初はとにかく「いいものだから高く売りたい」と価格を上げることにこだわりすぎていたが、「適正価格で、より高品質のものを」と考えるように。
　また品質を追求した結果、「地域ブランドではなくファミリーブランドへ」と戦略を変えていった。十三浜だけでも70家の漁師がいて、その数隣町の雄勝では100、女川では200になる。くくるには品質のバラツキが大きいため、まずは浜人としてのブランドの確立を目指した。積極的に販売現場に出向いて生産現場の現状を直接消費者に伝え、その際は自ら作成したPOPを立てた。前述の6次産業化の取り組みにおいては顧客を生産現場へ呼ぶツアーを提案し、1年間に10回、のべ500人を超える消費者と交流した。「もう美味しいとか安全とかだけでは売れない時代です。現場のストーリーを持っている僕らが、販売や交流の企画を提案していくことに価値があるんです」。

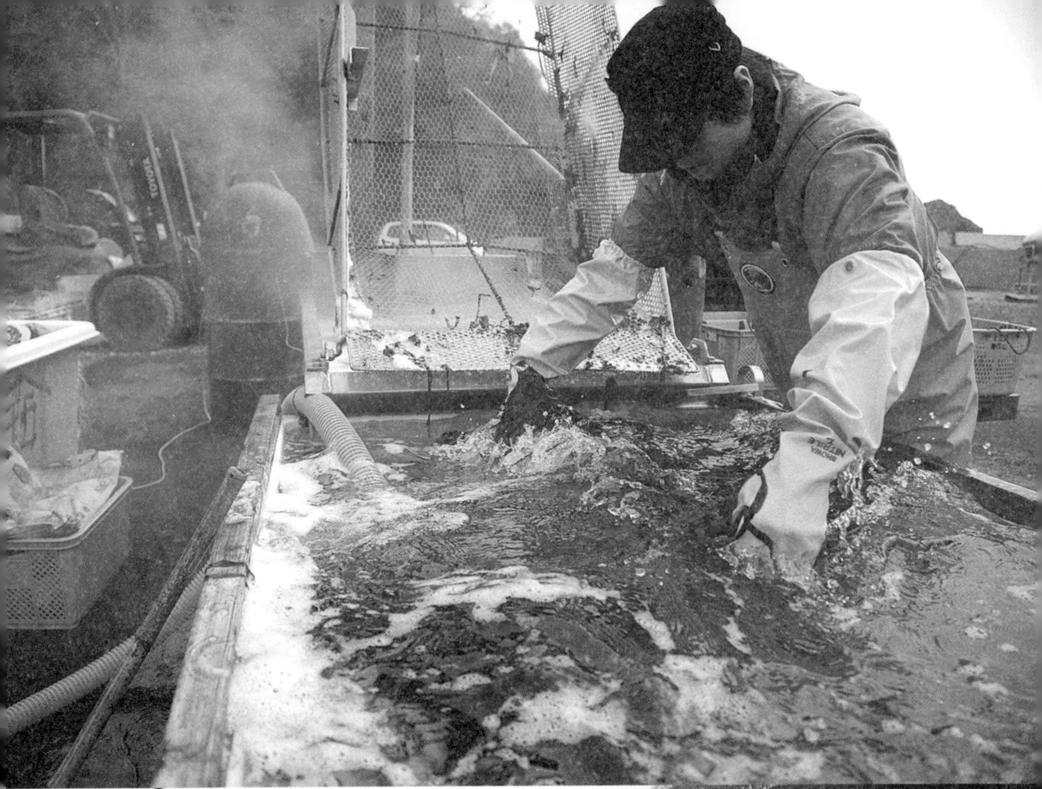

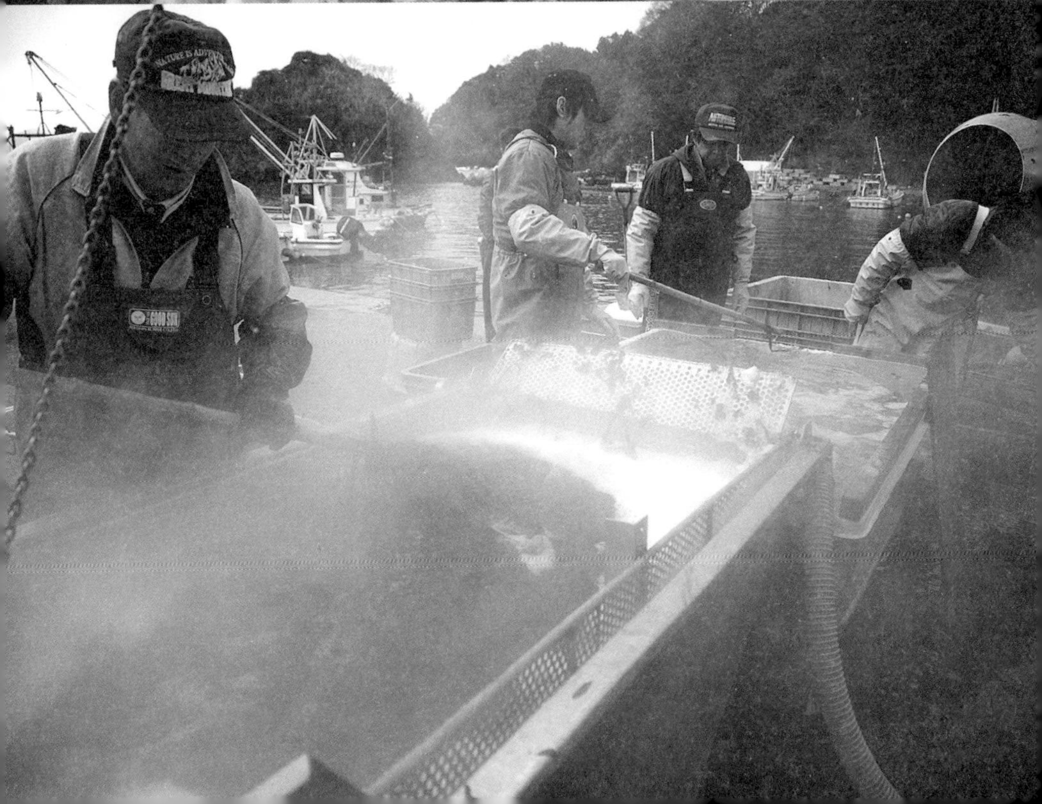

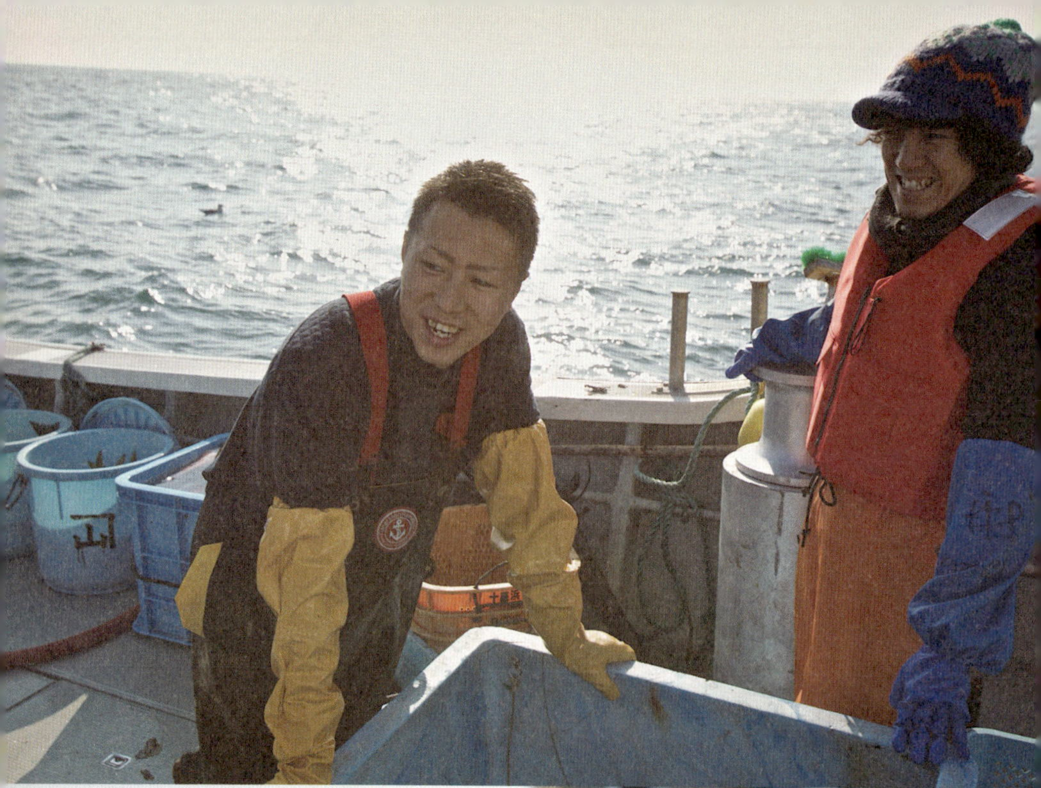

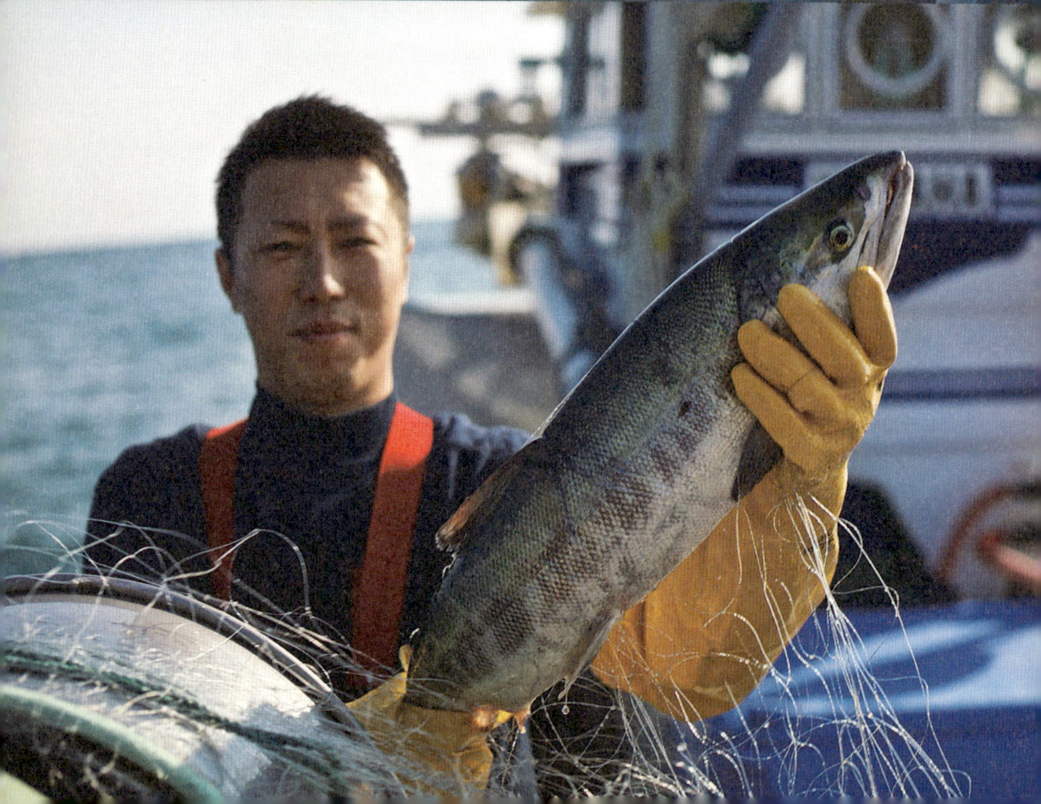

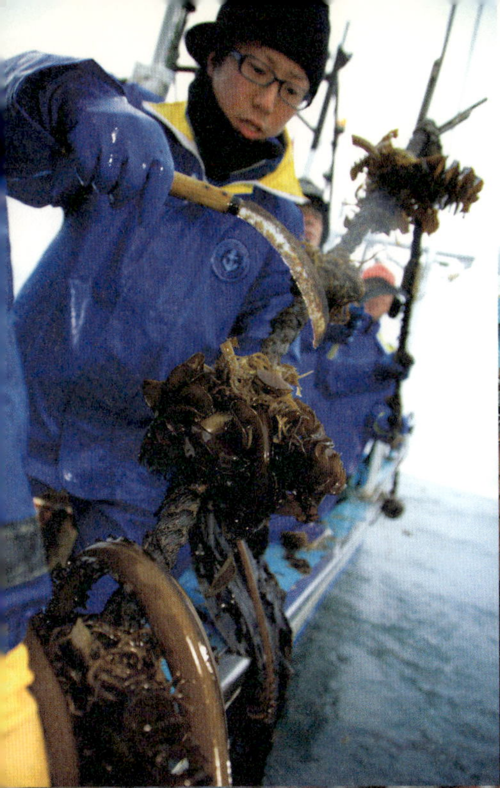

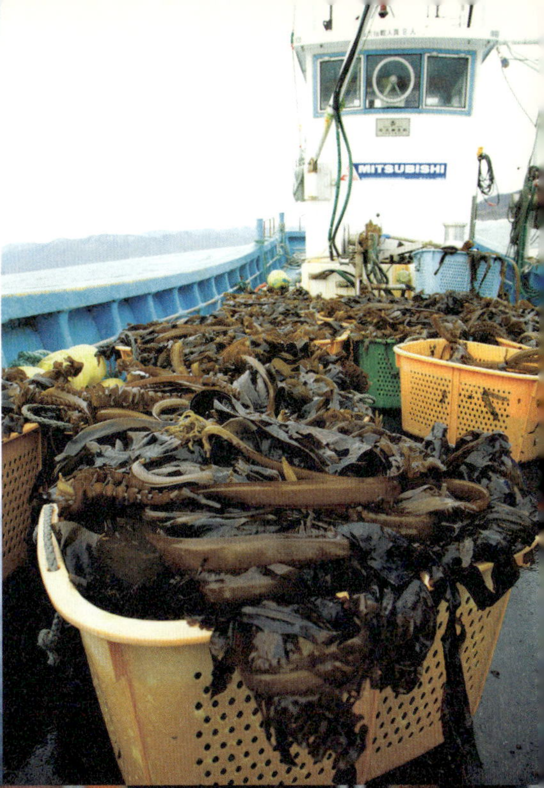
MITSUBISHI

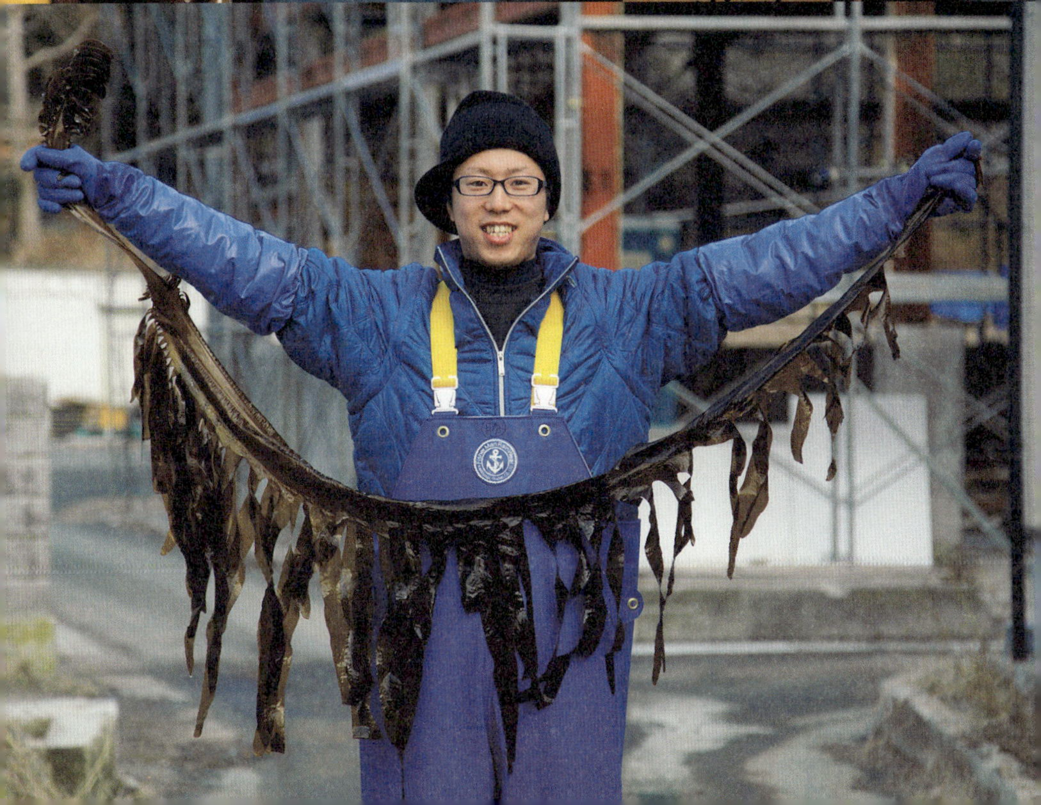

そうして2年が経った頃から、大型の商談が次々に決まっていったのだと言う。これまで1次生産者はどうしても立場が弱く、買い叩かれてしまってきた。しかし現在は、加工業者や販売業者との商談で自らかじを取って企画を立て、3者で一緒に営業に行くことも。連携により、以前より物量も出るし、価値も上がっている。確実に以前とは状況が変化してきている。

自分たちが変えないと、日本の漁業は終わってしまう

　漁業における就業者の高齢化、そして後継者確保は十三浜に限らず大きな課題だ。2008年の漁業センサスによれば、男子の自営漁業就業者において55歳以上の占める割合は約7割。このほぼ全てが引退する未来は遠くない。一方で平均年収は例えば沿岸漁業で240万円程度と決して高くない。背景には、漁業権の問題もあり参入障壁が高いため、新規参入も少なく産業全体として衰退を続けてきたという課題もある。

　こうした話になると阿部さんは決まってこう話しはじめる。「このままでは、日本の漁業は終わってしまう。今、新しい形をつくらないと駄目だし、それをできるのは、しがらみのない僕ら若い漁師なんです」。

　例えば、以前は漁協に「卸すだけ」だったところから、自ら直販や外部とタイアップしての販路開拓へと舵を切った阿部さんだが、漁協との関係についても独自の考えを持っている。「決して漁協をないがしろにしたい訳ではないんです。漁協は漁民を助けてくれ

る組織なので。漁協に卸していた際に発生していた何％かの手数料がありました。僕らのように直販や独自の販路開拓に力を入れる漁師が増えると漁協の収入が減ってしまいますが、同等の金額を漁場の家賃のような形で漁協に支払う仕組みを提案し、運用が始まっています」。これも彼が押し進める、一つの「新しい漁業」の形だ。

　そして彼が今の快進撃の先に見据えるのは、地域への貢献だ。まずは自らのファミリーブランドを確立し獲れ得る生産物を全て販売することを目指す。結果として見せることで地域の同業者へ刺激を与え、共に地域ブランドをつくっていく。そして漁業者の立場や役割も変えていくことができる。結果として雇用を生み出し活気ある地域をつくっていくのだ。

楽しく、儲かる漁業を

　実は以前は、十三浜を出たくてしょうがなかったのだと言う。5年間、東京や仙台で色々な仕事を経験して地元に戻り漁師になったが、「正直仕事を面白いと思ったことはなかった」と。それが今、外に出る漁師となり、新たなつながりをもとに、ビジネスを広げながら、「こんなに夢中になったことはない」と語っている。

　そのやりがいと楽しさを多くの人に伝え、同時にきちんと儲かるという結果を示す。その背中を見せて初めて、跡を継ぎたいという次の世代が育っていく。それが彼の目指す「楽しく儲かる漁業」だ。その実現はまだ道半ばだが、彼をはじめとした若手漁業者のエネルギーが推進力となり、三陸の漁業が確実に変わりつつある息吹きを感じる。

「いま、浜だけでなく地域を越えて漁業者が連携しながら、東京の高級デパートと商談を進めてるんです」。彼に会う度に清々しい笑顔で新しいプロジェクトの話やビジョンを聞かされる。1ファンとして彼の躍進を楽しむと同時に、自分にも何かを突きつけられるものがある。今「当たり前」「しょうがない」と思っているものは、本当は変えられるのではないか、それは楽しい事なのではないか、と。

　そんな存在が、阿部勝太なのだ。

岩佐大輝
Hiroki Iwasa

食×ものづくりの未来
STORY 2
15 STORIES

グローバルブランドいちごを生み出した農業×ICT×共創マネジメントとは

Story 03 ｜食べものづくりの未来｜ Yamamoto Miyagi / Hiroki Iwasa Interview

震災後、東北から多くの**起業家**が生まれた。その代表格として常に名前があげられるのが、自身の故郷でもある**宮城県山元町**でいちご生産法人を立ち上げた、岩佐大輝さんだ。彼が率いるGRAグループは、**農林水産省との技術開発プロジェクト**に始まり、**一粒1,000円**のブランドいちご商品の開発、そして**海外進出**と活動の幅を広げ続けている。GRAの成長を支えているのは、**ICTを活用した先端施設**と、卓越したマーケティング力、そしてそれを支える「**共創マネジメント**」だ。

農業生産法人GRA
岩佐大輝 (36) 宮城県山元町

大卒業後にITベンチャーを起業、株式会社ズノウ代表取締役に(現任)。東日本大震災後に故郷・山元町を拠点として農業生産法人およびNPO法人を立ち上げ、GRAグループのCEOに就任。グロービス経営大学院経営学修士MBA。1977年宮城県亘理郡山元町生まれ。

食べものづくりの未来

農業のビジネスモデルを変革する

　宮城県南部、福島県との県境に位置する宮城県亘理郡・山元町。いちごの生産を主要産業としていたこの町にあった129軒のいちご農家のうち、125軒が津波に飲み込まれた。農地の塩害や高齢化に伴う後継者不足、震災前から止まらない町の人口減少。震災の2日後から現地に入って支援活動を行ってきた岩佐大輝さんは、故郷の置かれた厳しい状況にショックを受けた。「単純に災害から復旧をしても、このままでは町として立ち行かなくなる」。故郷復活のためには、主要産業であるいちごの生産をいち早く再開させることだと、自ら生産法人の立ち上げを決意した。震災から4ヶ月後の、2011年7月のことだった。

「山元町のいちご生産を分析したら、平均2,000平米ほどの家族経営で、生産者の可処分所得も1家族あたり300万円程度という現状が見えてきました。ゼロになってしまった今だからこそ、産業構造から変えるようなチャレンジをしてみようと考えました」。

　岩佐さんが掲げたのは、最新技術を導入した先端ハウスによる、収益モデルの変革だ。これまでのハウス栽培は、熟練農業者の技に頼った家族的経営が中心だった。その「匠の知恵」を、ICTを活用して形式知化する。例えば温度や湿度、二酸化炭素濃度などに応じて自動で窓の開け閉めなどを自動で行うことで、ハウス内の環境が最適化される。これにより品質が安定し、収穫効率が上がるだけでなく、規模の拡大が可能となる。設備投資やマーケティング投資を積極的に行う、高付加価値・高収益のビジネスを生み出そうというものだ。

一粒1,000円の高級ブランドいちごや、いちごスパークリングワインの誕生

　事業立ち上げの後、GRAは猛スピードで事業を展開していく。農林水産省の先端技術開発プロジェクトを受託し、10,000平米の大規模なハウスを2012年3月に完成させる。また自らも3つのGRA独自先端ハウスを建設（計約20,000平米、2012年6月完成）。「事業が波及していくためには、まず一つの場所で圧倒的な結果を残すことが重要」と考え、初年度にも関わらず5億円を超える積極的な投資を行った。

　こうした最先端の技術により栽培されたいちごは、2012年12月に「MIGAKI ICHIGO（ミガキイチゴ）」と冠された高級ブランドいちごとして世に出ることになる。仙台や首都圏の百貨店などを中心に販売され、東京の伊勢丹新宿店の店頭では、最高品質の一粒1,000円を超えるミガキイチゴが並んでいる。「高付加価値のブランドは地域全体の価格底上げにつながります。儲かる利益構造にすることで、研究開発へ投資する余裕が生まれ、更に品質が上がるという高スパイラルが生まれていくのです」。岩佐さんは力を込める。

　2013年に入ってからは、いちごの6次産業化（生産・加工・流通の一体化）に取り組んだ。通常、収穫されるいちごの10-15％は市場に出回らない加工用のもので、キロあたり100円程度の安値で取引されている。加工用のいちごを使った商品を開発し販売することは、収益改善インパクトが大きい。GRAは山梨県にある醸造所と手を組む形で、いちごのスパークリングワイン「ミガキイチゴ・ムスー」を12月に完成させた。各種メディアに取りあげられ、高級酒販売店などを通じてスカイツリーや表参道ヒルズなどでも販売されている。GRAでは地域の他の生産者から3倍の値段で加工用いちごの買い取りを進めており、6次産業化を通じて、地域への貢献も目指していきたい考えだ。

　GRAは会社設立初年度にあたる2012年には20トン、2013年には50トンと出荷量を増やしており、今後もさらに成長が期待されている。

インドで見せた日本の技術と品質

　事業開始当初より「世界に通じる最高品質のいちごをつくる」ことを目指していたという岩佐さんの想いは、時を同じくして実現へ向けて動き出す。NECやJICAとアライアンスを組み、実験先端ハウスをインドのプネ市郊外にオープン。過酷な夏の気候や電気、害虫等の様々な環境の違いを乗り越え、2013年3月に無事収穫を迎えた。

　10億人超の人口を抱えるインドは巨大マーケットでありながら、非常に低い品質の

食べものづくりの未来

いちごが日本とほぼ同等の価格で流通している。しかも2,000億円近いとされる市場規模がすでに目の前にある。ここで成功することは、ビジネスとして大きいだけでなく、山元町、ひいては日本の技術と品質のブランドをうちたてる意味でも価値が高い。そして岩佐さんには、インド進出にかけるもうひとつの想いがある。「女性の働き場がなく、それが家庭内での地位が低く家庭内暴力などの温床になっているという、ソーシャルイシューへのチャレンジです。いちご施設は女性にあった職場であり、横展開できれば女性の地位向上に大きく寄与できると思うのです」。ビジネスとして展開しつつ、社会問題の解決も実現する。ソーシャルビジネスが、東北の被災地域を飛び出し、海を越えインドの地で生まれつつあるのだ。

「何より嬉しかったのは、現地の人たちの反応ですね」。岩佐さんが話す通り、収穫されたいちごの評価は上々。高級ホテルへの販売も始まった。実験的に1,000平米から始めた農場も、2014年は4,000平米まで拡大する予定だ。さらに2014年1月にインドのムンバイで行われた「クールジャパン・フェスティバル」において販売したいちごのスムージーも大成功を収め、近くムンバイでショップもオープンする予定。世界展開の勢いも止まらない。

Hiroki Iwasa Interview **Story 02**

株式会社・NPOの「共創モデル」

　なぜGRAは、立ち上げから2年ほどの短期間で、ここまで成果を出し続けられるのだろうか。さまざまな要因があげられる中で特筆すべきものとして、GRAのとっている、株式会社とNPO法人の2組織経営モデルがあげられる。岩佐さんは事業立ち上げの時点で、農業生産法人「株式会社GRA」とあわせ、非営利組織「NPO法人GRA」を設立。以来、技術開発や先端ハウスの運営などの生産サイドを株式会社が、マーケティングを中心とした流通サイドをNPOが、と役割を分担して事業を推進している。

「経済性の追求と社会性の追求は、どうしてもトレードオフの傾向があります。両立を考えどっちつかずにならないように、組織を分割するのがベストだと判断しました」。岩佐さんは、ホワイトボードに1つのグラフを書きながら説明してくれた。株式会社は徹底的に利益を追求し、社会性を求めるところはNPO側で行う。別組織、別マネジメントの中で進めていくことで、それぞれの成果が最大化するというのだ。「ミガキイチゴなどのマーケティングも、GRA一社だけでなく、地域全体や農業ビジネス自体のブランディング、という観点があるからこそNPOに任せられるのです」。

マーケティングを支えるプロ集団

　前述のミガキイチゴや、スパークリングワインのブランディングなどは、NPOのマーケティングチームが行った。しかし驚いたのは、NPOにフルタイム職員が1人もおらず、全員がプロボノ（本業を持ちながら、専門性を活かして行う社会貢献活動）スタッフということだ。「可処分時間の5%」を提供する無報酬のプロフェッショナルたちが、GRAの商品展開を支えているのだ。

　今や多くのNPOが活用しているプロボノだが、本業を持ちつつ働いてもらうことは、簡単ではない。何か意識していることはあるのだろうか。岩佐さんはこの問いに「そわそわ感」という言葉で答えてくれた。「GRAでは、四半期ごとに何かしらの動きがありました。5億円の投資をした、1粒1,000円のイチゴが売れた、総理大臣がハウスに視察に来た、インドに進出を果たした……。こうしたニュースが組織に『そわそわ感』を生んでいるから、プロボノメンバーが飽きないで続けているのだと思います」。

　NPOマネジメントの秘訣はそれだけではない。驚いたのは、分野やプロジェクトごとにチーム責任者と目標値を設定した後、そのチームに運営を一任していることだ。プロフェッショナルが最適な解を導き出せる形であるとともに、主体性を促している。現在プロボノの数は約400人。自分の時間の5%を捧げるプロ集団が、GRAの競争力の源泉となっているのだ。

Hiroki Iwasa Interview **Story 02**

広がる視野、その先に見るのは…

「最初はとにかく山元町のために、と活動を開始しましたが、少しずつ見える絵が変わってきました」最近の取材で、岩佐さんはこう話してくれた。

　浸水した土地のがれきを片付け、自ら井戸を掘るところから始まった彼のいちご栽培。初めてできたいちごは青果市場で相手にされず、苦い思いもしたが、ミガキイチゴという新たなブランドを生み出した。農林水産省との共同技術開発に、インドでの事業展開も好調な出だし。日本の技術の高さを、身をもって体感した。そして今、彼が見ているのは日本の農業の未来だ。

　「農業は儲かるということを、示していきたい。そして、もっと多くの若い人が農業に関係する仕事に就くようにしたい。農家になるだけでなく、農業に関わるマーケティングやファイナンス、流通など、もっと多くの人材が必要なんです」。日本の農業ビジネスが盛り上がることにより、地方や途上国に雇用ができる。自らが実践しながら、日本を、世界を元気にしたい。そう願う彼の目線は、すでに復興を超えたところにある。

食べものづくりの未来
STORY 3
15 STORIES

高橋博之
Hiroyuki Takahashi

世なおしは、食なおし。食を通じて都市と地方をかきまぜる

Story 03 ｜食べものづくりの未来｜ Hanamaki Iwate / Hiroyuki Takahashi Interview

東北から、全国の他の地域にも広がるような**新しいビジネスモデル**を生み出す。2012年末の政権交替の後、国が示した復興の政策指針「**新しい東北の創造**」は、復興関係者の間で大きな話題となった。そうした中で、2013年夏に**東北から創刊された情報誌**が、全国へ広がろうとしている。その名も『**東北食べる通信**』。編集長が目指すのは、1次産業の生産現場と都市を**かきまぜる**ことによる、**両者の課題解決**だ。

NPO法人東北開墾　代表理事
高橋博之 (39) 岩手県花巻市

2006年岩手県議会議員補欠選挙に無所属で立候補、初当選。翌年の選挙では2期連続のトップ当選。政党や企業、団体の支援を一切受けず、お金をかけない草の根ボランティア選挙で鉄板組織の壁に風穴をあけた。2011年に岩手県知事選に出馬、次点で落選。2013年、後援会を解散し事業家へ転身し、NPO法人東北開墾を立ち上げる。1974年生まれ。

史上初⁉の食べる情報誌

　2013年7月。東京・芝浦で『東北食べる通信』の創刊パーティが行われた。会場には、創刊号で特集されている宮城県石巻市から届いた大量の牡蠣をはじめ、東北の食材を使った料理がふるまわれている。編集長の高橋博之さんは大きな声で挨拶をした。

　「東北のこだわりの生産者を毎月特集します。情報誌と一緒に、その生産者が育てた食べ物がついてくる、史上初の"食べる情報誌"が創刊しました！」

　創刊号は宮城県石巻市の脱サラUターン漁師のつくる牡蠣、続く8月は岩手県山形村の酪農家が育てる"奇跡の"短角牛など、毎月生産者と食材を変えながら、食べ物の背景にあるストーリーを誌面で伝えている。新聞やラジオなどのメディアで取り上げられた効果もあり、月額1,980円の定期購読者は、創刊から約4ヶ月で1,000人を突破した。

　疲弊してしまった東北の一次産業の再生は、岩手県議会議員を8年間務めた高橋さんが訴え続けた一番のテーマ。サービス誕生までの道のりは、彼が岩手県知事選で落選した2011年9月まで遡る。

敗戦と東北行脚

　岩手県議会議員だった高橋さんが知事選への出馬を決意したのは、震災直後に大槌町を訪れた時のことだった。自然の力を前に壊滅状態になった町と、土手に座り込んで呆然とする住民達。その光景を見て、立候補を決めた。「沿岸縦断250キロ情熱辻説法」。高橋さんが選んだのは、震災で大きな被害を受けた沿岸地域を、端から端まで文字通り歩いて演説をするという前代未聞の選挙戦だった。「これからは、食糧とエ

ネルギーをつくりだす農山漁村にこそ、希望の種をまいていかなくてはならない」。高橋さんの訴えは16万票を獲得するも、次点で落選した。

　自分の言葉には説得力が足りなかった。もう1度岩手のリーダーを目指すためにまた現場からはじめようと、落選の翌朝から辻立ち（街頭演説）を再開した。農山村を中心に岩手県内を隅からくまなく歩き、朝7時から夜7時まで1日12時間、昼食も食べずに続けた。自身のブログサイトに予定を掲載し、各地で車座会議の開催者と宿泊先を募った。行く先々で夜は鍋を囲み、農家、酪農家、医師、介護事業者、それぞれの現状や思いに耳を傾けた。「問題意識も解決の方向性も、やはり答えは現場にあると思いました」。岩手行脚は約4ヶ月続けた。

　2012年の春ごろから、高橋さんは活動の拠点を岩手県から、被災3県全域へと広げていった。「どうにかするぞ」と書かれた酒屋風の前掛けをして、復興に汗を書く評判の若者がいれば、片っ端から会って語らい、同志の証しとして前掛けを売り歩いた。名付けて「どうにかするぞ復興ニッポン運動」。「消費至上主義の近代思想から脱却した新しい社会の形は、被災した東北の地からこそ生まれる」。自身のビジョンを語り続けた。共感の輪は広がり、600枚売った前掛けは、同じ山の頂きを目指す者たちのアイコンとなった。

政治家から水産業へ転身

　しかし、高橋さんは「自分が恥ずかしくなった」とその頃のことを振り返る。「復興現場で出会ったのは、自身の現場を持ちながら、腹をくくって困難に立ち向かう若者たちでした。でも自分は口で言うだけで何の責任も負っていなかった。このまま続けて、次もし当選できたとしても、良いリーダーになれるはずがないと確信しました。訴え続けていた生産現場の疲弊についても、結局自分は傍観者で"べき論"を言うだけで、当事者意識がなかったことに気づいたのです」。2012年12月、高橋さんは9年続いた自身の後援会を解散、政治家を辞めて水産業の現場へ飛び込んだ。

　震災で最も被害を受けた生産現場である、東北の水産業。「板っこ1枚下は地獄」と言われる海の世界で、危険を冒して自然と向き合う漁師たちの営業担当となって、代わりに海産物を売った。漁協に卸すと30円の牡蠣を、直接消費者に100円で売った。漁師と一緒に苦労してなんとか数千個を売ったが、これでは自分の給料は出なかった。毎朝暗いうちから海に出ての重労働。冬に行う船上作業の寒さは花巻出身の高橋さんにも相当こたえた。水産業の厳しさを身体で知った。

『東北食べる通信』の誕生

　水産業転身から約半年後、高橋さんは東京・渋谷のあるオフィスにいた。集まっていたのは、復興現場で出会い、志を同じくする新たな仲間たち。一緒に立ち上げる団体で実施するサービスの内容を検討する会議だった。高橋さんは用意してきたコンセプトの文章をそこでメンバーに配った。

私たちはこれまで、衣・食・住、地域づくりを他人の手にゆだね、観客席の上から高見の見物をしてきたと言えます。誰かがつくってくれるだろう、誰かがやってくれるだろう、と。暮らしをつくる主人公（当事者）ではなく、お客様（他人事）でした。当事者を失った社会から活力など生まれようがありません。

わたしたちは考えました。世なおしは、食なおし。

自分の暮らしを取り巻く環境に主体的に"参画"する。まずは、基本の"食"から。自分の命を支える食をつくる"ふるさと"を、一人ひとりがみつけてほしい。できるなら、その食をつくる人や海や土と、関わってほしい。自分たちの暮らしを手の届くところに取り戻すことで、自ら暮らしをつくりあげる喜びを思い出し、自然災害や経済的リスク、生活習慣病などを抱える脆弱な社会に備える。
わたしたちは、そんな思いを持って、東北開墾を立ち上げました。

　一次産業の生産現場を見てきた高橋さんは、自然に向き合い、命の糧を得る生産者

Hiroyuki Takahashi Interview **Story 03**

たちの姿に感動し、圧倒されるばかりだった。「でも、そのすごみは、価値は、スーパーの売り場にいった途端なくってしまう。つくると、食べるが断絶しているのです」。ここをつなぐ回路をつくり、生産者と消費者が顔の見える距離でダイレクトにつながる仕組みをつくらなくてはと考えた。

　こうして、高橋さんは仲間の助けを借りながら『東北食べる通信』のモデルをつくりあげていく。食べものにおまけで無料の冊子がついてくる従来の発想を逆転させ、雑誌のおまけとして、その号で特集した生産者が実際につくった食材をつける、史上初の「食べる情報誌」。食べものをつくった生産者の半生を描き、その哲学をあらわにする。購読者は物語と食べものをいただくだけでなく、限定のSNSグループを通じて直接生産者と会話し、レシピや感想、感謝を交換する。誌面と食べもの、SNSを通じて「つくると食べるをつなげる」新しいサービスが誕生した。

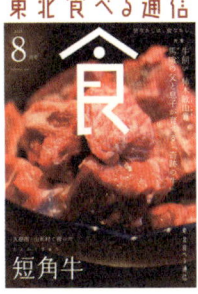

45

都市と地方を「かきまぜる」

　震災によって高橋さんは、いくつもの気づきがあったと話す。「東北には、多くの優秀な人材がボランティアで駆けつけてきていました。最初僕らは助けられていると感じていましたが、途中で違うと気づきました。彼らも、救われていたのです」。彼らは都市で磨いたスキルや能力を、復興現場で発揮できていることに喜びを感じていた。それは都市ではなかなか感じられなかった、手触りのある課題解決であり、自分の暮らしを取り戻すという感覚だった。

　「そうして私は、都市と地方を『かきまぜる』ことが、新しい社会をつくると確信したんです。豊かだけど何かが足りない。生きがいやりがい、生きる意味を喪失していた都市住民の『生きる』のスイッチがオンに変わります。過疎で疲弊した地方の農山漁村にとっては、地縁・血縁を超え、価値観でつながる新しいコミュニティ創造への挑戦であり、活力の維持が期待されるのです」。

　『東北食べる通信』の読者と生産者の間では、はやくも多くの交わりが生まれ始めている。SNSグループ上でのコミュニケーションに留まらず、生産者を招いての交流イベント、生産者をたずねるツアー、出荷作業を手伝うボランティア、いずれも読者が自発的に企画する形で行われている。

　こんなこともあった。台風の多かった2013年の夏、予定通り魚があがらなかった結果、9月号のお届けが遅延することになった。SNSグループ上で生産者の漁師が、クレーム覚悟で事情を説明すると、読者から寄せられたのは激励の言葉の数々だった。「工業製品ではないのですから、待つ時間を楽しむのもいい」、「自然相手ですもの、予定通りにいく方が難しい」など、その数は実に60件に上った。「『東北食べる通信』の読者はすでに、傍観するだけだった観客席から下り、「つくる」に参画していると言えます。ここからその喜びを広げていきたいです」高橋さんは嬉しそうに話してくれた。

輝きを失った近代からの決別

　政治の世界で岩手のリーダーを目指し、事業家に転じて食を通じて都市と地方をかきまぜようと挑む高橋さん。彼はいったい大震災が襲った後の東北をどんな場所にしたいと願っているのだろうか。彼が『東北復興新聞』の運営するオピニオンサイト『TOMORROW』に寄稿してくれた文の中に、その一端を見ることができる。その一部を下に紹介したい。

Hiroyuki Takahashi Interview **Story 03**

震災直後、被災地にはたくさんの「気づき」が生まれ、これまでの価値観や生き方の見直しにもつながっていました。家財すべてを失った被災者の多くが当初、「所有する」ことへのこだわりから解放され、「生きること自体を喜べるようになった」、「ほんとに大事なものが何かわかった」と話していました。モノへの過度な執着心が消え、「命、水、食料、エネルギー、そして人を思いやる心」という当たり前の価値に気づいていました。それまでの価値観が一度ご破算になったからこその「気づき」だったと思います。

奪い合えば足りないものも、分かち合えば余るということも身を持って実感していました。また、いざというときのご近所のつながり、コミュニティーの大切さも身に染みて感じていました。内陸部と沿岸部の連帯、都市と地方の連帯もそう、ふるさとへの帰属意識もそう、郷土芸能の有する魅力もそう、自然への畏敬の念もそう、これら震災後に見直された価値観は、すべての価値をお金に換算し、人間の力で自然をコントロールしようとしてきた近代化の過程で私たちがなくしてきた、犠牲にしてきたものそのものではなかったでしょうか。」

「輝きを失った近代からの決別」と題されたこの文の中で、高橋さんはこの「気づき」を起点としてこそ創造的な復興をなすことができると主張する。『東北食べる通信』が実現しつつある生産者と消費者の交わり、消費者による生産現場への参画はまさに、震災で見直された価値観、生き方の延長線上にあるものではないだろうか。「消費社会においては、食にとどまらず、政治、まちづくり、医療、教育、そして課題解決に至るまでほとんどお金で買える。みながお客さん。消費する側から生産する側に回るということは、誰かの手にゆだねるのではなく、当事者になるということ。そこに大きな意味があるのです。」高橋さんの言葉を思い出す。

　2014年4月。四国から『四国食べる通信』が創刊される予定だという。東北から立てた新しい社会の旗が、まさにいま、全国に広がろうとしている。

子供たちの未来

STORY
4

15 STORIES

南郷市兵
Ippei Nango

誰よりも教育復興現場を歩いた若手官僚。

Story 04 ｜子供たちの未来｜ Tokyo / Ippei Nango Interview

震災を経験した東北の地から、いま**全く新しい教育**が生まれようとしている。文部科学省は震災直後の支援のマッチングに始まり、**「創造的復興教育」**や福島県双葉郡における**中高一貫校設立**へ向けた取り組みなど、さまざまな政策を展開。その中で**徹底的な現場主義**を貫き、**現場ニーズ**をくみ上げ政策化を推進したのが南郷市兵さんだ。彼の行動が見せてくれるのは、**新しい教育のあり方**、そして**国家官僚のあり方**だった。

文部科学省
南郷市兵 (35) 東京都

4

慶応大学を卒業後、民間のインターネット企業へ就職し、2010年より文部科学省へ出向。大学時代の恩師である鈴木寛・文部科学副大臣（当時）のもとで、震災直後の混乱期から教育現場と霞ヶ関をつなぐパイプ役として奔走。その後も文部科学省における数々の復興事業の推進において中心的な役割を担い、2013年4月より文部科学省職員に。1978年生まれ。

霞ヶ関を飛び出し、現場を奔走

「復興の取り組みにおいて、国はいったい何をやっているのか」。東北復興新聞の取材を開始した当初、僕はよく見えない「国」や「官僚」の動きに疑問を持っていた。もっと言えば、「現場も分からない官僚が中央から政策を決めている」といった偏見すら持っていたことを告白しなければならない。その後取材を通じて多くの官僚といわれる方々と出会い、その偏見は徐々に払拭されていくのだが、中でも最も印象に残っている人が文部科学省に勤める南郷市兵さんだ。

南郷さんの復興への関わりは、内閣官房が設置した震災ボランティア連携室と共にいち早く現地入りした、震災直後の2011年3月17日まで遡る。現地をまわった南郷さんは、霞ヶ関からは見えなかった現場の状況に愕然とする。「霞ヶ関から政策判断をできるのは、正しい情報が集約されている前提があってこそ。しかし、現地の情報は適切に中央にあがってきていなかった」。限られた情報からの予測と現地の実態のずれが、支援の遅れやニーズのミスマッチにつながる。南郷さんは霞ヶ関を飛び出し、その後ひたすら現地を走りまわることになる。

当時、全国各地から被災した学校に対して多くの支援希望がよせられたが、混乱する現地はそれを受け取れない、もしくは本当に必要な支援とは乖離しているという状態が続いていた。そこで南郷さんは現地の学校や教育委員会をまわって支援ニーズを吸い上げ、NPOや企業などに支援要請を行った。例えば学校ごと避難することになった福島県大熊町。避難先である会津若松市につくられた中学校の机や椅子などは、ほぼ全てこうした全国からの支援でつくられたものだ。また、後にインターハイ優勝という快挙をなしとげる岩手県宮古高校ヨット部のヨットも「部活という日常を早く復活させてあげたい」という外部支援者から贈られたものだった。

現地の声を政策につなげる

震災直後の混乱が続く2011年5月頃。東北各地の教育長（教育委員会における事務方の責任者）たちをまわっていた南郷さんは、複数の場所で同じ想いを聞いたという。「元通りの学校に戻すだけでは駄目です。カリキュラム全体を見直したい。いま東北の子供たちには、何もなくなったところから新しいものを創り出す力を育む、全く新しい教育が必要です」と。

「まだ町はがれきだらけの頃ですよ、びっくりしました。元に戻すだけでも大変な時期なのに。現場の教育者の方々の想いに感動しました」。南郷さんはこの想いを政策という具体的な形に落とし込むために、現場ニーズをくみ上げつつ、それを実現できそうな外部の大学、NPOや企業、また文部科学省内での調整を始める。

　そうして生まれたのが、「創造的復興教育」（2011年第3次補正予算として3億円。その後も2012年度、2013年度と継続）だ。震災で被災した地域では建物や町並みなどの物理的なものが破壊されただけでなく、現在の延長線上にあった「未来」も見えづらくなった。そうした環境下で将来の復興の主役となる子供たちに必要なのは、テストができるだけではない、困難を乗り越え未来を切り拓く力、自ら考え行動する力、地域にイノベーションを起こす力などの「生き抜く力」であると定義した。「創造的復興教育」とは、子供たちの生き抜く力を育むために、従来の学校教育の方法に縛られずクリエイティブな実践型の教育を提供する、新しい文部科学省事業だ。

未来型教育モデルの誕生

「創造的復興教育」のメニューは、リーダーシップ教育からキャリア教育、海外プロジェクトやアートを通じた表現力育成の場まで多岐にわたる。そのひとつ、国際機関OECD（経済協力開発機構）と行う「OECD東北スクール」は、中高生を対象としたプロジェクト学習のプログラム。2年半にわたる準備期間を経て、2014年8月には、OECD本部のあるパリで東北の魅力を世界にアピールするイベントを行う計画だ。その企画から資金調達まで全てを学生が中心となって行う意欲的なもので、岩手、宮城、福島の3県から約100名の中高生が参加している。

　その他、海外の劇団と共に2日間で英語による歌とダンスの舞台をつくりあげるワーク

ショップを通じて、表現する力や国際社会への関心を高める「ヤングアメリカンズ」や、中学生リーダーが集まり復興やまちづくりについて議論しプロジェクトを実施する「生徒会サミット」（福島県いわき市が行っている具体事例はP56からのstory05を参照）など。

　いずれの活動も、教室の中で教科書から学ぶ「受動的で静的な教育」ではなく、実践的な活動を通して学ぶ「能動的で創造的な教育」となっている。また、学校だけでなく地域、NPO、大学などさまざまな参加者と共につくりあげていることも特徴だ。僕もそれらの現場のいくつかを取材したが、子供たちが目を輝かせている様子や、日々成長していく姿を見て、不覚にも涙を流してしまったほど。こうした教育は、少子高齢化が進み成長の曲がり角にさしかかった日本全体においても、これから間違いなく求められていくものだと言えるだろう。

　もちろんこうした教育プログラムも、ただ文部科学省がメニューをつくって提示しただけでは、学校や地域で活用が進む訳ではない。現場での活用の背景には、協力してくれそうな人やNPO、先生や教育長など140人をリストアップし、現場を行脚した南郷さんたちの、地道な調整努力があったことはいうまでもない。

福島に誕生する、脱近代の象徴となる学校

　そして、いま彼が取り組んでいるのが、原発事故により避難を余儀なくされている福島県双葉郡8町村における中高一貫校設立のプロジェクトだ。

　双葉郡の学校は、それぞれ避難先の市町村で授業を再開したが、多くの場合子供たちはすでに別の学校へ通い始めており、戻ってくる生徒数は小中学校では約1割程度に留まっている。各町村はそれぞれで教育の復興へ取り組んでいたが、一方でひとつの町村で行えることの限界も感じていた。そこで8町村の教育長が集い、双葉郡の今後の教育について包括的、継続的に協議をするテーブル（協議会）が2012年12月に設置されることになった。元通りにすることを越えた中長期的な復興を考えようと、町村をまわって教育長を口説いた結果設置されたのである。

　以来、7ヶ月あまりの間に開催された協議の場は、19回にも上った。その全てに参加した南郷さんは、「計70時間ほどの会議、ノートに一言一句そのまま記録しました。教育長たちの熱い想いを感じ、一つの言葉も漏らしてはいけない気がしたので」と話す。

Ippei Nango Interview **Story 04**

53

そして2013年7月、その想いは「福島県双葉郡教育復興ビジョン」という形でまとめられ、文部科学大臣へ提出された。

　ビジョンの目玉は、双葉郡内に新たに設置する中高一貫校だ。双葉郡の子供たちに対して、避難先で他の学校に通い続けることと、郡内の各町村の学校へ戻ってくることに加え、第3のオプションを提供したいとの願いが込められている。

　そこでの教育の内容は、全国のモデルとなり得る非常に先進的な内容だ。特徴のひとつは、地域へのアイデンティティや貢献意欲を高めることを、教育の軸として盛り込んでいることだ。「ふるさと科」を創設し、地域がひとつになる行事である祭りの企画等、ふるさと再生の活動をカリキュラムに組み込むことも想定されている。これは世界基準であるOECDの提供する教育ガイドラインにも書かれていない分野だ。「大勢の子供たちが避難を強いられているからこそ、双葉郡出身というアイデンティティを失わないで欲しい」と、協議会長である大熊町教育委員教育長の武内氏は話してくれた。

　その他、企業社員による出張授業を取り入れるなど、企業や大学、NPOなど「多様な主体との連携」や、子供たち自身にプロジェクトを企画、運営させる「課題解決型学習（アクティブラーニング）」といった表現がビジョン内に並ぶ。震災後に東北各地で実践された「創造的復興教育」が目指した教育内容が、福島県双葉郡に新たにできる学校においても受け継がれようとしている。

　こうしたビジョンの背景には、モノやお金だけを重視するのではなく、人の命や心、一人ひとりの人間性を大切にする価値観の転換があったという。欧米の姿を追いかけた近代の日本の姿を再現するのではなく、都市とは違う形の豊かな生き方を実現するための教育が、東北そして福島から生まれようとしているのだ。開校は2015年4月に双葉郡広野町内で予定されている。実際にどのような学校になっていくのか、ぜひ引き続き注目していきたい。

教育復興の現場に見る希望

　震災以降、現場と霞ヶ関をつなぐために南郷さんが東北を往復した回数は100回を超える。各地の教育者たちとの人間関係も含め、恐らく誰よりも震災後の東北の教育現場を網羅的に知っているのは彼だろう。

　そんな南郷さんは、日本を背負って立つ人材が必ず東北から数多く出てくると確信しているという。避難所で「僕たちに何かやらせて下さい」と手書き新聞をつくって歩いた中学生たち。首相の所信表明に引用されるまでの創作劇を演じた高校生たち。海外で堂々とプレゼンテーションを行い、原発に関して侃々諤々と議論を展開する高校生たち。東北の子供たちの活躍について南郷さんに語らせたら止まらない。そして、そうした子供たちに大人たちも突き動かされているのが今の東北でもある、と。震災は日本全国が直面しているあらゆる課題を浮き彫りにしたが、どこよりも課題解決に本気で取り組んでいる子供や教育者たちがいるのは、東北なのだと力を込める。

　「私は、東北は必ず全国で最も創造的な学びを実践する地域として復興すると確信しています」。復興現場を誰よりも歩き、"官僚"のイメージを壊してくれた彼の話す希望の言葉は、僕の心に強く残っている。

佐川秀雄
Hideo Sagawa

子供たちの未来
STORY
5
15 STORIES

いわきから始まる教育改革。東北を引っ張るリーダーが生まれている！

Story 05 ｜子供たちの未来｜ Iwaki Fukushima / Hideo Sagawa Interview

文科省が進める「創造的復興教育」事業にどこよりも積極的に取り組んでいるのは、**福島県いわき市**だろう。市内44の中学校の生徒会長が集まる組織「**いわき生徒会長サミット**」を軸に、さまざまな教育プログラムが実践されている。推進の中心にいる同市教育委員会・**佐川秀雄**さんのモットーは「**まちづくりは人づくり**」。20年30年先の地域を支える子供たちがいま、ここから生まれようとしている。

いわき市教育委員会 学校教育推進室長
佐川秀雄 (58) 福島県いわき市

筑波大学体育専門学群を卒業後、中学校教諭や福島県教育庁指導主事、市立中学校校長などを経ていわき市教育委員会へ。教育部次長などを経て、2013年4月より現職。「出会いに偶然はなく、全ての出会いは必然である」とさまざまな関係者を巻き込みながら、いわきの教育改革に取り組んでいる。1956年いわき市生まれ。

子供たちの未来

教育委員会が牽引する、新たな教育の形

　STORY 04に登場した文部科学省の南郷さんが、「新しく大臣が代わり東北にお連れする時には、必ず会ってもらう人がいます」と話す人がいる。福島県いわき市の教育委員会の佐川秀雄さんだ。

　僕が初めて佐川さんにお会いしたのは2012年の11月。市内44校の生徒会長らが一堂に会する「いわき生徒会長サミット」の第2回となる全体ミーティングの場だった。佐川さんの視線の先には、活発に議論を行う40名を超える中学生。そこで見た彼らのキラキラ輝く姿を、僕は一生忘れることはないだろう。いわき市の進める教育の成果が、子供たちのエネルギーとして目の前に表れていた。「自分に子供がいたら絶対にここに参加させたい」、そう強く感じたことを覚えている。

　震災前は約3万人の小中学生が学んでいた福島県いわき市。原発事故の影響で、一時はそのうち2万人が市外へ避難する事態にもなった同市でいま、東北はもとより全国をリードする先進的な教育プログラムが進められている。各学校が通常カリキュラムの復旧に多忙を極める中でその牽引役となっているのは、同市教育委員会だ。

長崎で見た想像を超える子供たちの成長

　きっかけとなったのは、2011年夏の長崎訪問だった。長崎市からの招待により、いわき市内の中学校から43名の生徒会長が長崎市の平和祈念式典に出席。長崎大学によ

る放射線教育や原爆資料館の訪問等を通じて、原爆被害から立ち上がった長崎市の底力を実感した。子供たちそれぞれに「自分たちには語り継いでいく責任がある。自分たちの故郷を復興させたい」という強い思いが芽生えたという。

「長崎市は66年前の困難を乗り越えて素敵な都市になっていた。被災した福島県いわき市も、何年かかってでも素敵な都市に変われると信じている」。「原発も転換の時を迎えています。この学びを必ずいわきの復興に生かし、いつの日か、今度は長崎の皆さんを招待し、いわきの、福島の復興を見てもらいたいと思います」。元々はどちらかと言うと内向的で意見や目標をあまり口にしなかった子供たちが、長崎訪問後はこんな発表をしたという。

「一体どういうことなのだろう？」子供たちの変化に舌をまいた佐川さんらは、教室を飛び出したリアルな体験の重要性を確信した。「学校のカリキュラムは基礎として当然重要。でもアルバイトや留学で子供たちは学んでいきますよね。学校だけではできない学びを、教育委員会がハブとなって提供したいと考えたのです」と佐川さん。その後、文科省や企業、NPOなどさまざまな外部団体との連携を進めていくことになる。

44名の生徒会長が一つのチームに

　いわき市教育委員会が進める教育のその軸となるのは、前述の「いわき生徒会長サミット」だ。通常の学校教育の外で行う、いわゆる課外活動にあたるが、その運営を教育委員会がサポートしている。

　生徒会長サミットでは、年度のはじめに計画を策定。長崎に加えて韓国や米国を訪問しての現地交流や、文科省が推進する創造的復興教育プログラム「OECD東北スクール」「ヤングアメリカンズ」（いずれもP51参照）への参加など、チームに分かれながら年間を通じて活動を続けていく。全メンバーが一堂に会する全体ミーティングも年に数回開催される。それぞれの活動を他校のメンバーたちの前で発表するほか、「地域のために自分たちができることは？」などのテーマで議論を行い、そこから新たな自主企画も生まれてきている。

　しかし、通常カリキュラムの外とはいえ、海外に行くには学校を休まなければならないだろうし、部活動への影響もあるだろう。学校や保護者の理解を得るのは大変ではないだろうか？「反発がないといえば嘘になりますが、子供たちが明らかに成長しているので、結局は理解してもらえます。本当に、想像を超えてすごいんですよ」。佐川さんはその手応えを話す。

Hideo Sagawa Interview **Story 05**

無謀とも思えた自主企画

　例えば僕が初めてお邪魔した際には、生徒発案による自主企画「ワンコインプロジェクト」についての発表を見ることができた。これは、44校それぞれで募金活動をして、タイの村で子供たちのために学校を建てようというもの。中学生自らが親や教師に趣旨を説明し、生徒会などで全校へ参加を呼びかけたという。すでに何十万円の実績を出している学校もあれば、全く賛同を得られなかった学校も。悩みながらも強い想いを感じる発表だった。「今まで支援をいっぱいもらってきたので、少しでも返していきたいんです」。一人の生徒が話していた言葉が印象的だった。

　学校建設の目標金額は500万円。当初佐川さんもこのプロジェクトは正直難しいと思ったと言うが、「困難に立ち向かう経験や、時には挫折することも必要」と口出しせずにサポートに徹した。「解をこちらから与えずに、子供たち自らに企画し、決断し、実行してもらう。子供たちにはこういう体験が必要だと、震災を経て気づいたのです」と佐川さん。2012年度に始まったワンコインプロジェクトは今も継続しており、学校建設まであと一歩というところまで来ている。

　他にも、子供たちの活躍や成長のストーリーは数え切れない。韓国を訪問した際は、寝る間を惜しんで資料を作成し、震災経験のプレゼンテーションを、なんと韓国語で行ったそうだ。大人たちが何も指示していないのに、だ。引率していた教育委員会学校

教育課の川村指導主事（当時）は「子供たちは元々そういう力を持っていたんだと思います。自分を高め、挑戦し、力を発揮する場を得た子供たちは本当に生き生きしています」と話す。子供たちの可能性を狭めているのは、我々大人なのかもしれないと考えさせられるエピソードだ。

卒業生たちが東北を引っ張る高校生リーダーに

いわき生徒会長サミットを語る上で、サミットの卒業生たちを外すことはできない。2011年度に始まったこのプログラム、2014年3月からは4期生が活動を始めることになる。すでに100名を超える卒業生たちが高校に進学しており、彼らは「シニア会員」として現役のサミット運営に携わっているのだ。休日にも関わらず自主的に会合に参加し、受付やイベント進行の手伝いをしている。「それでは伝わらないよ」「こうしたらどうだろう？」後輩たちへアドバイスをする彼らの表情は真剣そのもので、なんとも頼もしかった。

彼らはいま、高校に舞台を変えて活躍し始めている。例えば文科省が進めている「OECD東北スクール」では、岩手・宮城・福島3県から参加している中高生約100名のうち、いわき市からの参加者は30名を超える。全体リーダーや各グループのリーダーも全ていわき市の生徒が担っているという。まさに、市や県を超えて東北を引っ張る人材が、続々といわきから生まれているのだ。20年後30年後に彼らがどんな活躍をするのか、楽しみでならない。

これからの教育委員会の役割

こうした創造的な教育は当然コストもかかるし運営にあたっての負担も少なくはない。今後は、どのようにして復興を超えた継続的なものに変えていくのかがより問われてくる。佐川さんはこれからのビジョンとして、教育委員会をハブとしながら地域で補完し合う教育の形を話してくれた。「親はしつけを、学校が教育を、企業は教育の後を担当する。そんな縦割りでは子供たちの力は伸びません。まちづくりは人づくりです。地域でひとつになって教育に取り組んでいく必要があります」。

学校、行政、保護者、NPO、大学、企業、財団……。それぞれが子供たちを育てるために発揮できる力がある。2013年度の生徒会長サミットで実施された大手企業経営者によるワークショップ形式の研修は、その一例だろう。普段は接することのない企業経営者と丸一日かけて議論する経験は相当刺激的だったようで、その日のテーマであった「リー

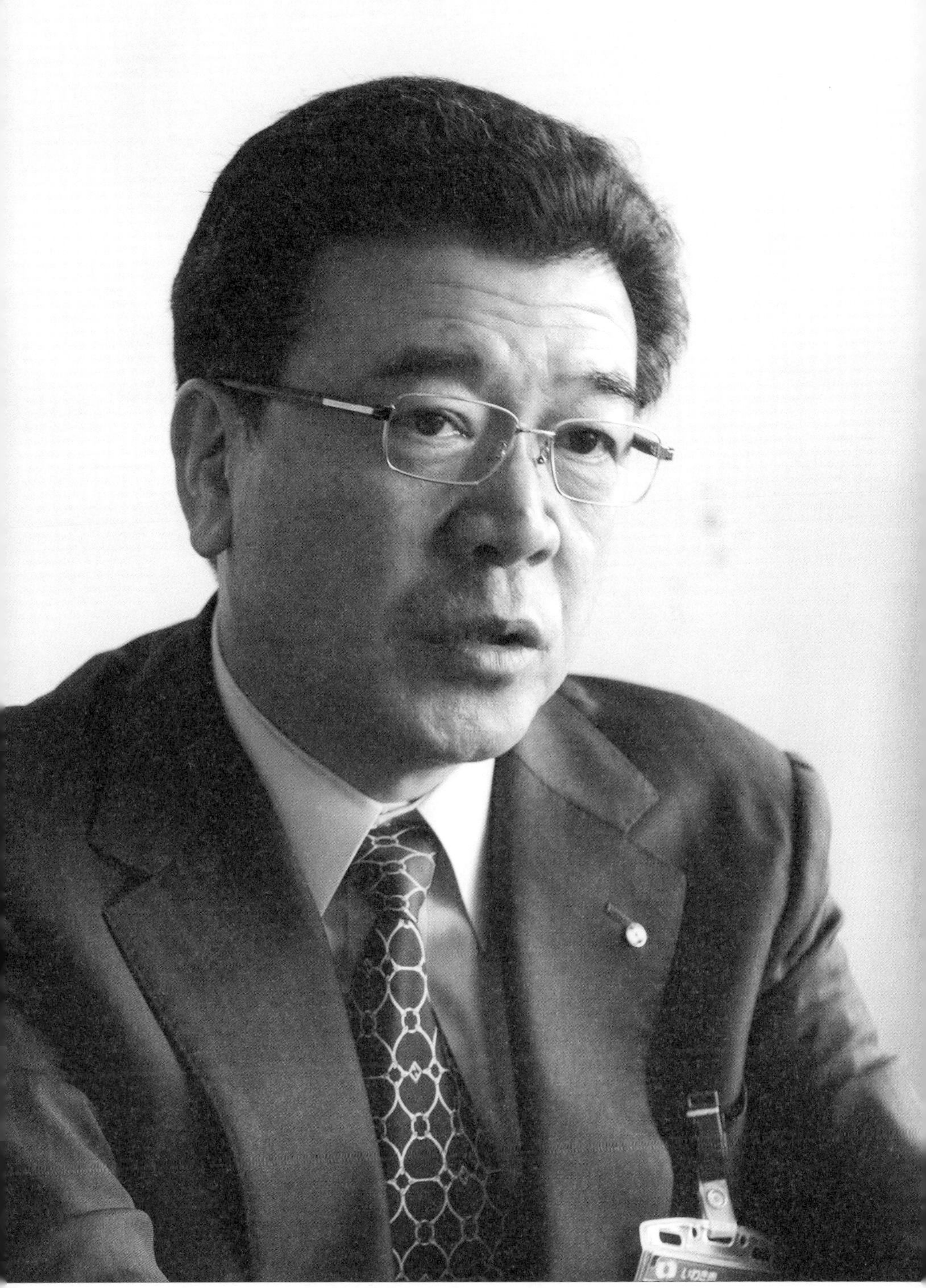

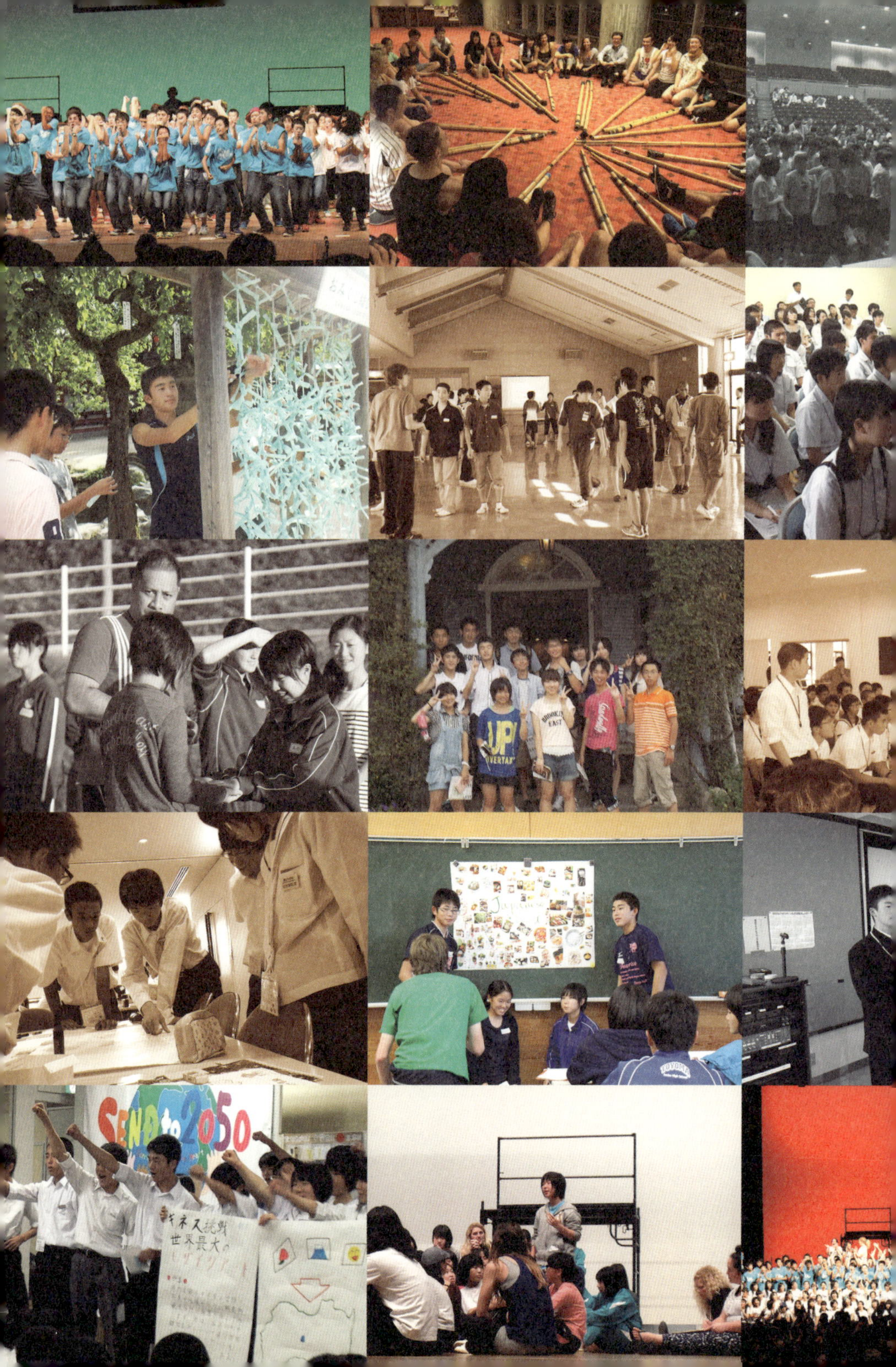
SEND to 2050
ギネス挑戦
世界最大の

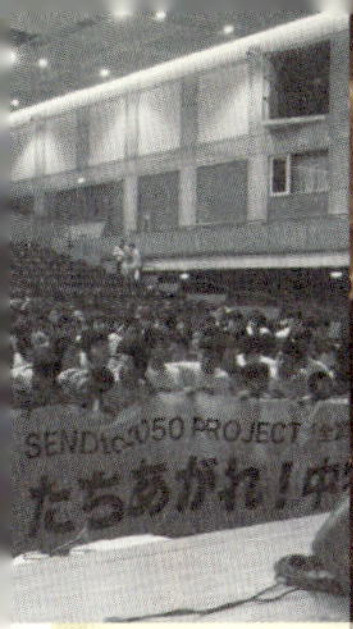
PROJECT
たちあがれ！中
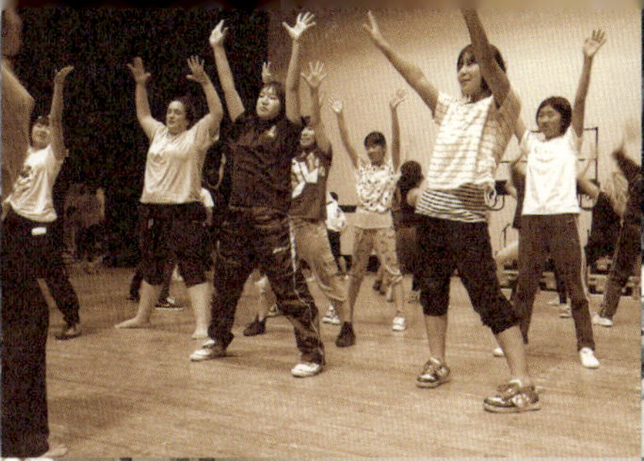
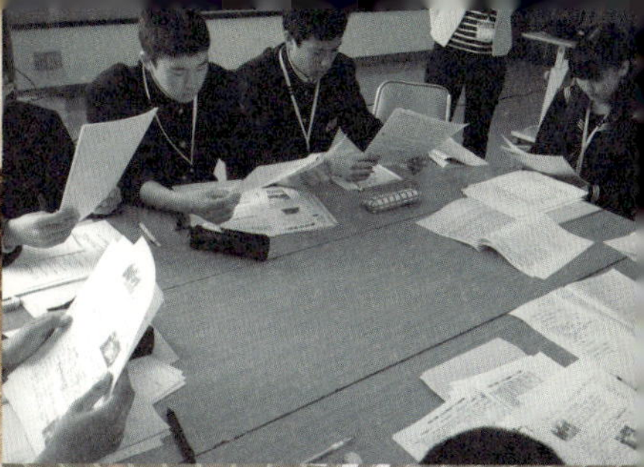
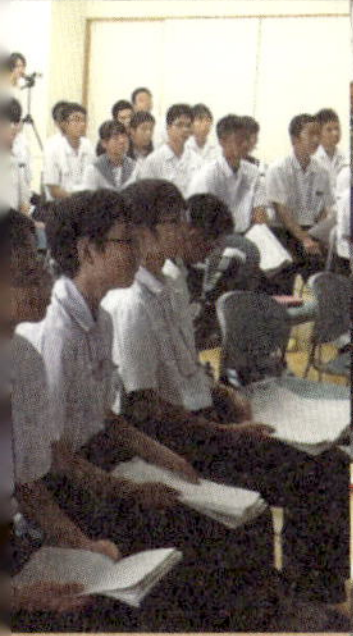
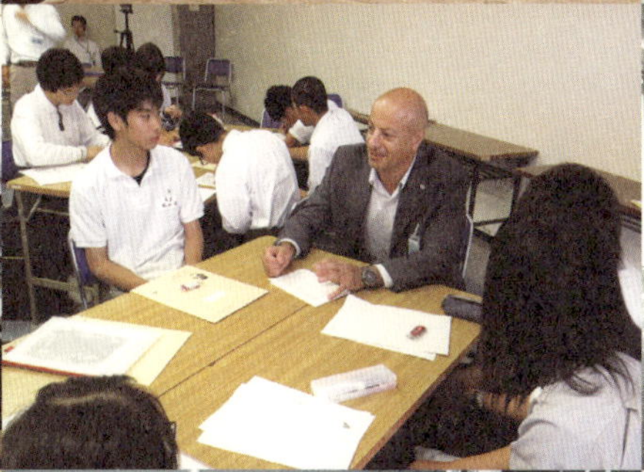
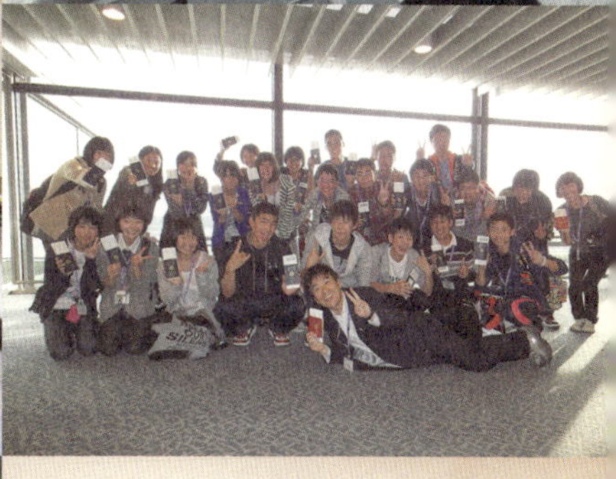
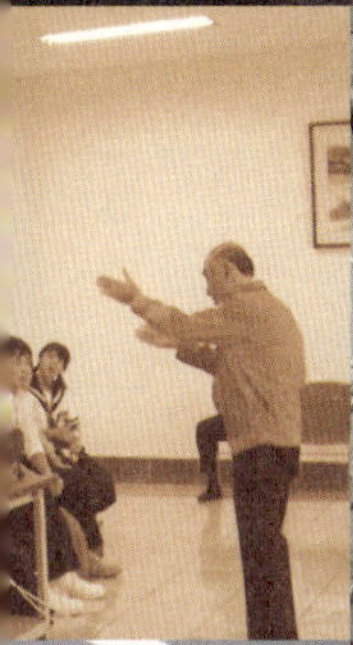
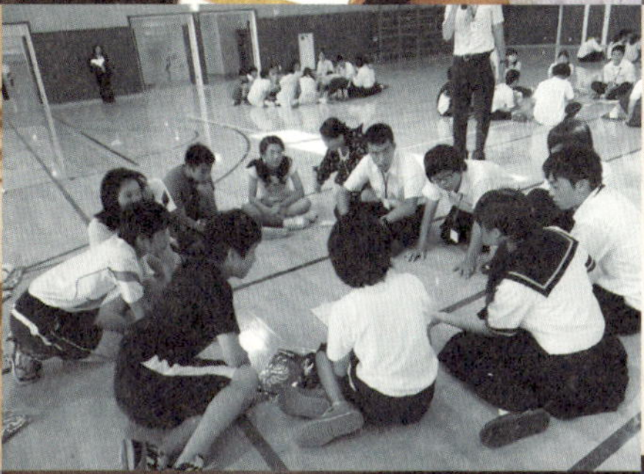
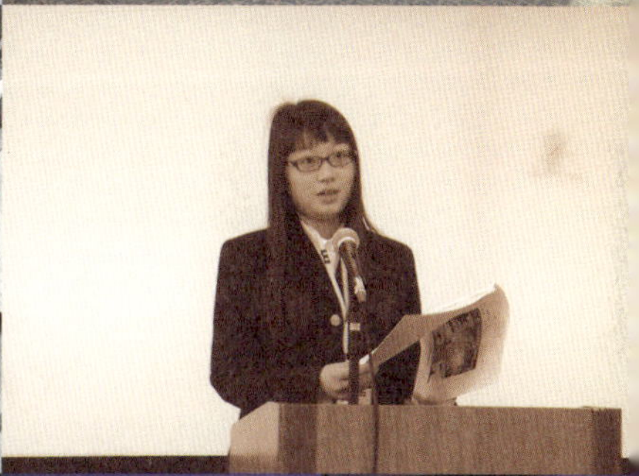
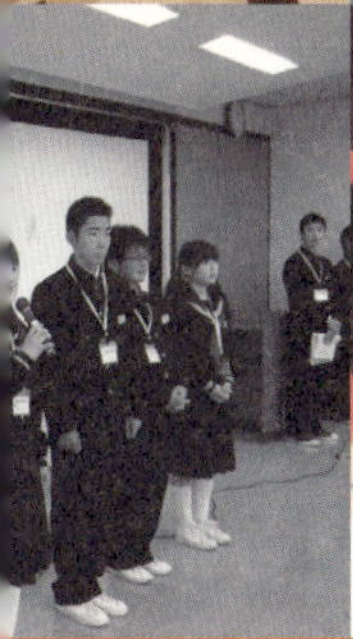
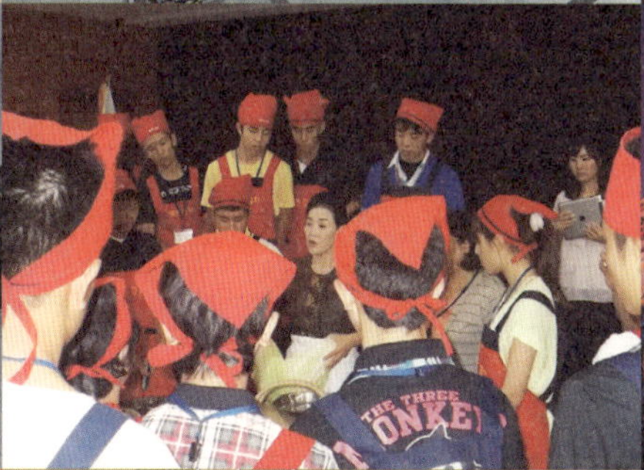
THE THREE
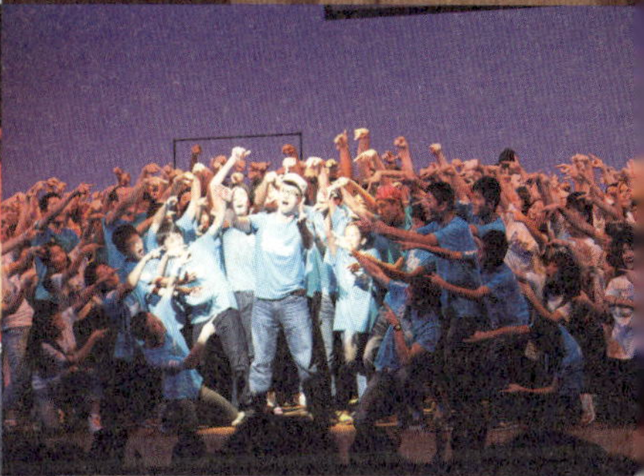
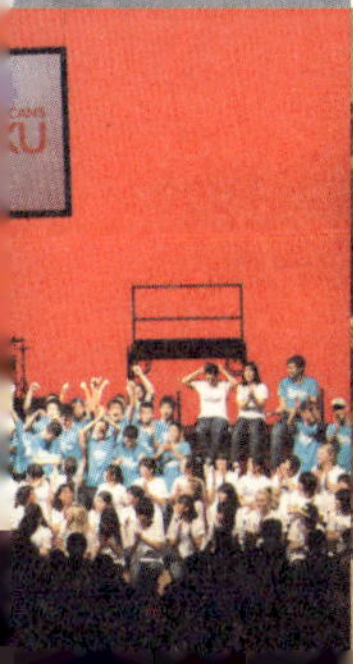
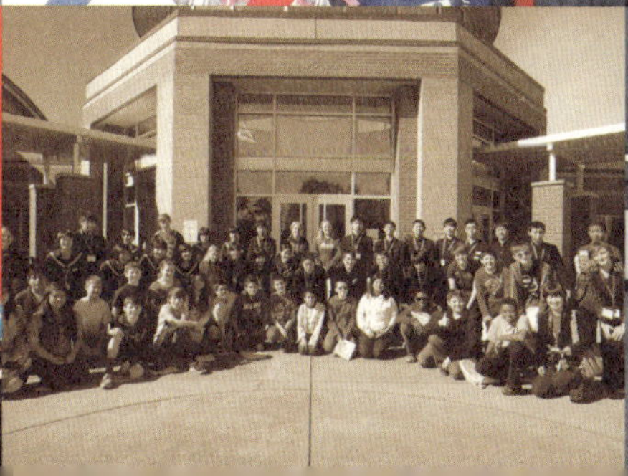
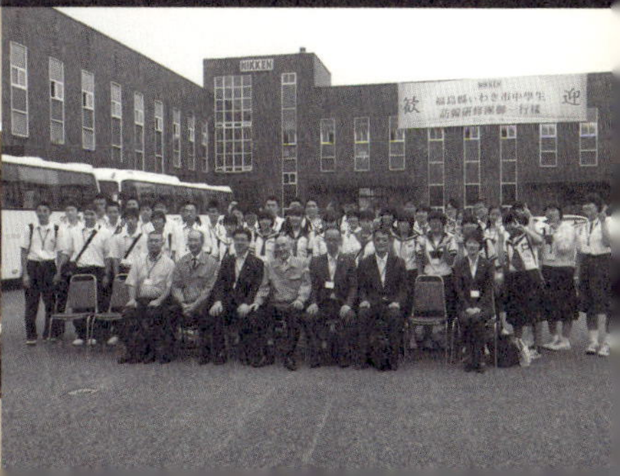
NIKKEN
歓
福島県いわき市中学生
迎

ダーシップ」について、子供たちはその後も折りを見て持論を展開するようになったという。

そして、さまざまな関係者が教育に参画するにあたっての調整役として、教育委員会が果たせる役割が大きいと佐川さんは話す。例えば海外訪問を行うのであれば子供たちは学校を休む必要も出てくる。そうした場合、現行制度の中でも公的な立場から調整をできるのが教育委員会なのだ。従来型の、学校を後ろから支える教育委員会ではなく、関係者をつなぎ、学校教育を補完する新しい教育委員会の形をいわき市は実践している。

いままでなかった新たな役割、新たな業務を進める教育委員会。引っ張る佐川さんもすごいが、実行する現場の方々もすごい。内部から文句は出ないか聞いたその答えもやはり、「子供たちがすごいんですよ」だった。教育委員会の方々も、佐川さんも元々教師として教壇に立っていた。新しいことを実施する上で多くの苦労があるだろうが、結局皆さん「子供が好き」。これが原動力なのだろう。

創造的な教育を地域の伝統に

「生徒会長サミットOBたちが将来は財団を作るんじゃないかと思うんです」。ある時、佐川さんは笑いながら話してくれた。毎年60名程の卒業生が生まれているので、単純計算でも30年後には1,800人という数になる。彼らが少しずつでもお金を出し合うことができれば、30年後の現役サミット生たちは、更に大きな機会を手にしているかもしれない。中学校時代にもらった先進的な教育機会を、時にシニア会員として直接的に運営をサポートする形で、時に資金提供という形で、地域に還元していく。その地域らしい教育を、地域の人が支える、なんとも素敵なビジョンだと思う。

佐川さんは、こうした教育機会を地域の伝統とし、今後はいわき市内の全小中学生3万人にも広げていきたいと考えている。当然莫大な費用がかかることが予想されるが、「地域づくりは人づくり」の考えから言えば、ここにこそお金が使われるべきだと力を込める。その広がりは、すでにひとつの形となっている。いわき市が2014年6月から導入する新しいキャリア教育プログラムは、生徒会長に限らず、市内の全ての小中高生を対象に展開される予定だ。プログラムは、東京の公益団体との協働によるものであり、カタール国からの資金援助を受けた専用施設の建設も進んでいる。

「教育の形を変えることで、いわき市の子供たちは"被災者"から"挑戦者"に変わることができる。そして彼らの成長が地域の、東北の未来をつくっていくんです」。そう語る佐川さん。僕には、佐川さんが一番の挑戦者に思えた。

Hideo Sagawa Interview **Story 05**

子供たちの未来

STORY
6
15 STORIES

田畑祐梨
Yuuri Tabata

ACTION IS A MESSAGE.
あの日を経験した高校生の実力。

Story 06 ｜子供たちの未来｜ Sanriku Miyagi / Yuuri Tabata Interview

未曾有の大災害に、果てしない復興の道のり。変化の見えない町並み。**あの日を経験した中高生たち**は、どんな想いでこの3年間を過ごしてきたのだろうか。宮城県南三陸町で、**語り部団体**を立ち上げた一人の高校生がいる。**「何も進んでないじゃないか」**大人たちへの憤りを立ち上がるパワーへと変えた彼女は、**1年間で3,000人**に自らの被災体験と想いを伝えた。彼女はなぜ行動を起こし、続けることができたのか。そしてその先に何を見ているのだろうか。

志津川高校3年
田畑祐梨（18）宮城県南三陸町

宮城県南三陸町に生まれ育ち、中学3年生の時に震災を経験。2013年から地元の中高生で語り部（かたりべ）団体「まずもってかだっからきいてけさいん」を設立。外国人や若年層を対象として語り部活動を行う。2014年春からは静岡県の大学に進学予定。1995年生まれ。

まずもってかだっからきいてけさいん

　きっかけは、海外へ行ってみたいという想いからだった。中学3年生の時に被災し、その後約2年間何かの活動をしていた訳ではなかったが、高校2年の終わり頃、ある教育プログラムが田畑さんの目にとまった。「TOMODACHIイニシアチブ」*が提供するアメリカでのホームステイプログラムだった。

*在日アメリカ大使館が主導する若者向けリーダーシッププログラム

　震災直後、避難所で支援物資の仕分けの手伝いをしていた時のことを思い出した。世界中からさまざまな国の言葉で寄せられた支援や激励に感動した。震災の体験を踏まえアメリカで何をしたいかを問われた応募時のエッセイでは「語り部として自分の体験を、そして感謝を伝えたい」、そう書いた。

　6割を超える住宅が全壊・半壊し、800名を超える犠牲者を出した宮城県南三陸町は、今回の震災で最も大きな被害を受けた地域のひとつだ。しかし、田畑さんには2年近くが経っても町の復興は感じられなかった。自身の家のあった地域も、更地が広がったままだった。「全然進んでいないじゃないか、大人たちは何をやってるんだ！って思ってました。でも考えていくうちに、大人に任せてるだけで自分は何もやってないことに気づいたんです」。

　アメリカでやりたいことと、その想いがつながった。自分一人ではできないと仲間を募り、同級生ら16人で中高生による語り部団体「まずもってかだっからきいてけさいん（地元の言葉で、とりあえず話すので聞いてくださいという意味）」を立ち上げた。震災からちょうど2年が経った2013年3月11日のことだった。

3,000人に伝えた魔法の言葉

　団体を立ち上げるといっても高校生。何から始めたらいいか分からなかった。想いを文書にして、観光協会に持ち込んでみた。気仙沼に同じく高校生団体があると聞いて、面識は無いがツイッターで話しかけてみた。若者の行動を応援する団体のプログラムに応募もしてみた。すると少しずつ、道がひらけていった。

　最初の語り部の相手は、京都にある中学校の生徒会の子たちだった。町の全貌を見

ることができる高台の公園から、あの日のこと、これまでのこと、自身の被災体験を伝えた。ちょうど田畑さんが被災した時と同じくらいの年だったその中学生は涙を流し、引率の先生は田畑さんの手をとって「毎日の大切さが分かりました。ありがとう」と言ってくれたという。語り部っていいな、そう思った瞬間だった。

田畑さんは、震災で自身の大切な人を亡くしている。幼稚園の頃から英語を習っていた、家から30秒のところにある塾の先生。第2のお母さんと慕っていた人だった。中学を卒業したらちゃんとお礼をしようと思っていたのに、彼女の名前が死亡者リストの中から見つかってしまった。ありがとうを伝えられなかったことを、心の底から後悔したという。「だから、語り部の際には必ず言うんです。あなたに大切な人がいるならば、『ありがとう』と『大好き』を今すぐ言葉にして伝えてください、って。誰も傷つかない魔法の言葉。病気も事故も天災もある。大切な人は当たり前にずっと存在するとは限らないから」。

他の語り部団体の迷惑にならないようにと、語り部の対象を外国人と修学旅行生や学生グループなどの若者にフォーカスした。地元南三陸町で行うものに加え、招かれれば県外にも赴いた。関西で行った語り部では、自身のメッセージがより届くようにと、エンディングノート（最期のときのために想いや希望を書き留めておくもの）をつくるというワークショップ形式にもチャレンジ。参加者の1人から「あのあと手紙を書いて親に渡しました」と連絡が来て嬉しかったという。彼女の活動はメディアなどを中心に注目を集め、2013年3月の引退までに、3,000人を超える人々に想いを届けた。

仲間がいたから、続けられた

すべてがうまく行っていた訳ではない。震災時のショックでPTSD（ショック経験による精神的後遺症）と診断され、フラッシュバックがあったり情緒不安定になることもあった。自分のやっていることが本当に意味があるのか、自信を無くして動けなくなることもあった。そんな時に支えとなったのが、東北各地でそれぞれの行動を起こし始めていた同志の若者たちだったという。

子供たちの未来

　中でも「親友にして最大のライバル」と話すのが、気仙沼で観光を盛り上げる高校生団体「底上げYouth」を立ち上げた阿部愛里さんだ。団体を立ち上げた直後にツイッターで話しかけたところ、すぐに気仙沼から南三陸まで会いにきてくれた。町を案内したら、南三陸はきれいなところで好きだと言ってもらい、それから友達になった。お互い活動をしてるからこそ共有できる悩みがあり、競争できる関係だという。「愛里がいなかったら絶対に続けられなかった。もしあの日彼女に話しかけてなかったらって今でも思います」。

今を、生きる

　彼女は、ブログやFacebookを通じて積極的にその時々の想いを発信している。素直な文章が本当に素晴らしく、彼女らしさがダイレクトに伝わってくる。2013年の終わりに書かれた1つのポストをそのまま紹介したい。

この1年大変なこと、つらいこと、悲しいこと。たくさんありました。こんなに頑張ったんだから、サンタさん奮発してよね！ってかんじです。活動をしたら、友達と遊ぶことはできませんし、映画を見に行くこともできません。「何かをするということは、何かを捨てることだ」　結局そういうことです。

ですが、私は後悔していません。

活動の分、私はたくさんの人と出会うことができ、素敵な仲間ができました。「勉強と活動を両立できないなら、やめてしまえばいい」という団体を立ち上げたときにノートに書いたことにも負けることなく、受験期間にも活動をしていました。(バカだって知ってますので、バカって言わないでください。泣)

私は今を生きていたいなあって、思ったんです。明日死ぬなら、私は勉強よりも、伝えることをしていたい。

"チャンスハウス"をつくる夢

　話をしていると、全ての質問に自信を持ってよどみなく答える彼女。将来の夢についても、具体的なイメージと共にたっぷり話してくれた。「子供たちが平等に夢を追いかけられる場所をつくりたいんです。東北のどこかにツリーハウスのような学びの場をつくって、そこに世界中から子供を呼んで、日本の文化を伝え共に学んでもらう。東北自慢の一次産業の体験学習や、防災教育ができる。英語もここで学べるんです」。

　彼女はその場を「チャンスハウス」と呼んだ。「子供はみんな自由で一生懸命で、夢を持って冒険家で。素敵じゃないですか。でも、都市と地方、日本と外国、場所や境遇によって、夢を追うために与えられる機会が違う。それは不平等だと思ったんです。私は幸運にも幼稚園の頃から英語を勉強する機会をもらって、今回アメリカにも行かせてもらえました。でも一方で、そういう機会に巡り会えずに、夢をあきらめてしまう人もいます。だからみんなが平等に、夢を追う機会＝チャンスを持てるようにしたいんです」。

　夢の実現へ向けて、田畑さんはすでに構想を膨らませている。子供たちの夢をリストアップして形にしよう。それを元に企業に提案して一緒に学習プログラムをつくろう、一緒に夢を実現するプロジェクトを始めよう……。きっと遠くない将来に何かの形になっているのだろうと期待させるものを、彼女は持っている。

一生懸命、キラキラ輝くために

　5年後10年後、どんな人になっているのだろうか？ 憧れている人について聞いてみた。「いつまでも、何かに一生懸命でキラキラ輝いていたいです。こないだ、カナダの社会起業家のメアリーゴードン*に会う機会があったんです。突然歌を歌い出したりすっごく破天荒で、エネルギッシュで。あなたは誰なんですかって聞いたら『私はチェンジメーカー』って。すっごくカッコよかったです」。

*心の教育のプログラムを提供する「ルーツ・オブ・エンパシー (Roots of Empaty)」創始者。

震災の体験が、今の彼女の感性や行動力、情熱にどのように結びついているのかを分析することは難しい。震災がきっかけとなり、元々持っていた想いや力が開いていった、という方が正しいのかもしれない。いつか彼女は言っていた。「私じゃだめだ、誰かがやってくれるって思ってた。でも立ち上がって一生懸命やってみたら、いろんな人が助けてくれた。たくさんの素敵な人たちに出会って、自分の夢を見つけることもできた。見える世界が、ガラっと変わったんです」。彼女の好きな言葉は「ACTION IS A MESSAGE」。活動を始めた後に出会った、尊敬する人のものだそうだ。彼女にとって重要だったのは「あの日」ではなく、その後の行動する日々だったということだろう。

　最後にもう一度、彼女の言葉を引用させてもらって、この章を終わりにしたい。心からのリスペクトを込めて。

「なんでそんなにみなみさんりくが好きなの？」って聞かれたことがあります。
それは、空気だったり、星空だったり、海だったり、人だったりですね。
空気が澄んでいて、満点の星空があって、憎いけど大好きな海があって、
歯食いしばって頑張っている人がいて。

どこよりも「生」というものが、感じられるからかなあって思ってます。

空気が澄んでいるのは、汚すものも人もいないから。
星空がきれいなのは、光がないから。
一生懸命、それぞれが生きているんじゃないでしょうか。人も自然も。
一生懸命が一番素敵です。きらきらしています。

私は、町の人たちのキラキラした笑顔が、もっともっと見たいです。
ここまで書いたけど、はっきりした理由は見つからないんです。
でも、好きなら好きでいいんじゃないでしょうか。
私は、南三陸に生まれたこと、あんなすばらしい町の人たちと出会えたこと、
誇りに思います。

みなさん、やり残したことはありませんか。
今年中ではなくて、今日終わらせてください。

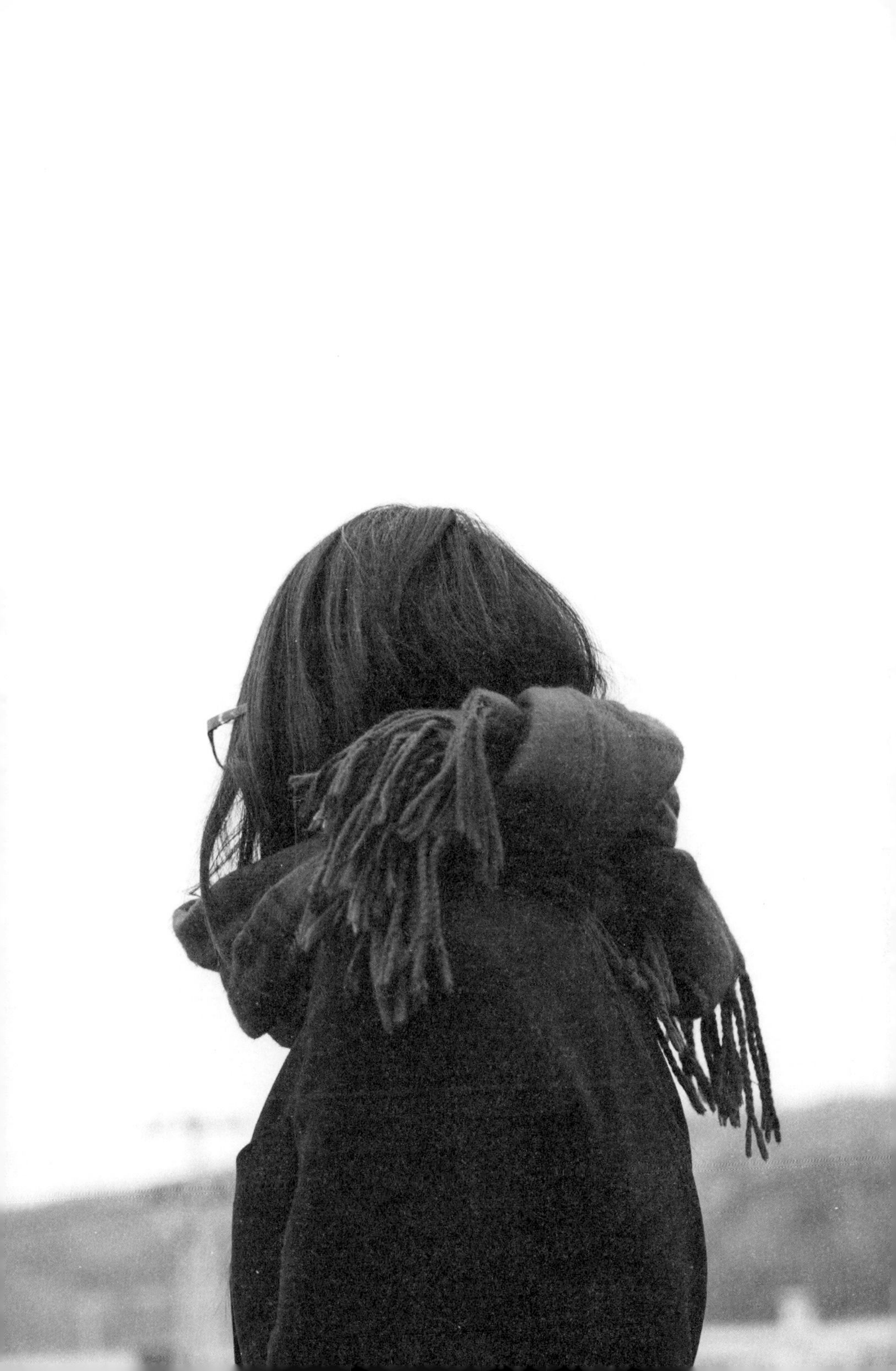

ふるさとの未来
STORY
7
15 STORIES

鹿野順一
Junichi Kano

市民力アップとなりわい創出で皆が帰って来れるまちづくり。

Story 07 ｜ふるさとの未来｜ Kamaishi Iwate / Junichi Kano Interview

岩手県釜石市にある**小さなNPO**が、震災後に**大活躍**した。その中心に立っていたのが、町で和菓子屋を営んでいた鹿野順一さんだ。これから復興の要になる「**まちづくり**」において鹿野さんは、一番重要なのは役所でもよその誰かでもなく、その町に生きていく**市民の力**だと言い切る。鹿野さんの描く未来図には「**皆が帰って来たくなる**」「**ここで生きたいと思う**」そんな町の姿が鮮やかに描かれている。

NPO法人@リアスNPOサポートセンター代表理事
鹿野順一（48）岩手県釜石市

岩手県釜石市

釜石市で本業の菓子店を営む傍ら、商店街の振興と町の活性化を目指し2004年にNPO法人「@リアスNPOサポートセンター」を設立。震災後は住民側に立ったきめ細やかなサポートと外部との橋渡し役で活躍。4月には「いわて連携復興センター」を設立。被災地域のNPO間だけでなく、県内全域および全国のNPOとも連携し、情報発信、中間支援、雇用創出等の活動を進める。1965年生まれ。

震災前よりいい東北をつくる

鹿野順一さんは、僕らが東北と関わり始める、きっかけになった人だ。

2011年10月。震災後に初めて東北沿岸部を訪れた。三陸のリアス式海岸沿いを車で走ると、山を越える度にがれきの片付いた何もない集落が現れる。「一体、これから、どうやって……」と放心していた僕に、彼が言ったのが「前よりいい東北をつくる」という一言だった。

「被災した地域は、もともと震災前から厳しかった所ばかりでした。過疎が進み、漁業も農業も儲からない。そんな、下り坂にあった以前の状態に戻したって意味がない。これをチャンスと捉えて、出て行った人が戻りたくなるような、素敵な東北をつくるんです」。僕は衝撃に近い感覚を覚えた。それまで、東北をはじめとする日本の地方地域の現状や課題のことをあまり考えてこなかった。それに復興は「元に戻す」ことだと思っていたし、どこかで国や行政が進めるものだと思っていた。そしてもう一つ、「これをチャンスに」などという言葉を、津波で大事なご家族を亡くされた鹿野さんが言ったことに、何とも言い難い、胸を打たれるものがあった。

それから僕らは新聞づくりを始めた。鹿野さんの描いている大きな夢に、応援したい気持ちと、そんな東北になっていく様を見てみたいという希望があったからだ。鹿野さんは、休むことなく走り続けた。周囲が心配になるほどに。そんな鹿野さんの3年間を改めて聞いた。するとお話は昭和40年から始まった。

お菓子屋さんから町の盛り上げ役へ

鹿野さんは1965年、釜石の和菓子屋の長男として生まれた。たくさんの友達、遊び場は商店街。皆が皆を知っていて、いつも声をかけ合う、温かな町のコミュニティの中で育てられた。その頃はちょうど、町の産業・雇用を支えていた新日鉄が、規模縮小と高炉の統廃合を始めた時期。活気が徐々に衰えていく町の姿を眺めながら少年は青年になり、ついに繁栄の象徴であった高炉が停止した頃、鹿野さんは上京した。

大学で広報・メディアを学び、悩んだ末実家を継ぐことに決め、京都の和菓子屋で4年間修行をした。釜石へ戻ってきたのは25歳。明らかに昔の活気が失われてしまった町で、青年会・商店街振興組合の一員として、張り切って祭りを盛り上げ、イベントを開催し、商店街の中にも工夫を凝らした。「でもね、町の中を人が歩いていないんだもの。個店や商店街の努力では限界があった。それで、町を歩く人を5人でも10人でも増やそうと、もっと大きな枠組みで町の活性化に取り組むことにしたんです」。

鹿野さんは2004年、仲間と共にNPO法人「@(アットマーク)リアスNPOサポートセンター」を立ち上げる。当時まだ、NPOという言葉も浸透していなかった時期だ。

「商店街のにぎわいと売り上げアップを、町の活性化の一つの軸と捉えて。そう、元々自分たちの売り上げのために始めたんですよ。でもね、昔は商店街に、ビジネスと生活コミュニティ両方の側面があったでしょう。それがビジネスだけになって、お客さんも"もっと安い店へ、大きなスーパーへ"ってなってしまった。商店街に、人が集いたくなるようなコミュニティをつくらないとって」。

　主要メンバーは4人。コミュニティビジネスのセミナーや、起業や経営のサポート、さらに行政と組み、点在した小さな集落をまわって防災の新しい制度の説明会を行ったりもした。そうやって6年。町をよくするために地道な活動する団体として認知され、ネットワークもできてきた。そんな時だった。震災が起こった。

「探されていた」小さな町のNPO

　震災の翌日から5月の連休あたりまでは、小さな集落への物資の運搬や、病院での患者や避難者のサポートに奔走した。自分のことを忘れて走り回っていたため避難者リストに載らず、心配されていた程だった。電話が通じるようになると、さまざまな支援要請が入ってきた。町の詳細な情報発信も始めた。それにはツイッターのフォロワーなど、震災前の活動で積み上げたものが活きた。それから「町のNPOだもの」と、市街地でイベントを開き支援物資を配り始めた。それまでつながりのあったたくさんの団体が力になってくれた。泣いてる暇も落ち込んでいる暇もなかった。

　その頃の釜石の町には、毎日20人・30人と県外や海外から支援者が訪れていた。皆、情報を求め、たくさんの物資を届け、できることを手伝って帰っていった。夜になると灯りのない町の上には今まで見たことがないくらいの満天の星が輝き、これが現実なのか分からない、不思議な感覚だったという。

　「ある団体の方に最近お話を聞いて、こう言われたんです。『あなたたちは当時、探され

Junichi Kano Interview **Story 07**

る存在だった』って」。外部からの支援団体の多くは、災害が起こったらまず先兵対が現地に赴いて情報収集をする。そこでまず自治体、次に学校、それらも機能していないと、次は町のNPOはないか探したのだと。鹿野さんたちは多くの支援者に「探し当て」られ、頼りにされ、行政やさまざまな団体と支援者をつなぐハブとして活躍した。NPO法ができて15年。阪神淡路大震災の時に奮闘した団体やボランティア、その後の多くの人の努力の結果だと鹿野さんは言う。

同業の立場としての事業者サポート

震災によって住む家を失った人、職を失った人。仮設住宅の整備を始め、全壊・半壊住宅への支援金、失業手当など、国のさまざまな制度や打ち手が被災した人々を下支えした。しかし、町の中小企業や店舗などの事業者にとっては過酷だったと、自身も和菓子店を津波で失った鹿野さんは振り返る。

「住居部分が全壊なら支援金をもらえるけど、例えば3階が住居で1階が店舗の場合は

ふるさとの未来

（名札：谷村 邦久　岩手県商工会議所連合会 副会長／中村 慶久　公立大学法人 岩手県立大学 学長／高橋 真裕　社団法人 岩手経済同友会 代表幹事／鹿野 順一　特定非営利活動法人 いわて連携復興センター代表）

住宅部分が無事なら一部損壊扱いになって、ほぼお金が出なかった。しかも人を雇う側だった事業者は失業保険も出ない。釜石では市街地全域が地盤沈下して、土地の資産評価もゼロ。もともと工場や店舗の借金を抱えていた人も多い中で、再建しようにも2重の債務はとても無理だと去っていく人も出ました。それで同業者として、この町でもう一度チャレンジする人を応援しようと思ったんです」。

鹿野さんは事業者一人ひとりに話を聞いて回り、「俺もやるから、一緒にやろう。また商店街つくろう」と声をかけていった。迷っていたが「やってみるか」と奮起してくれた人も少なくなかった。課題は、仕事の求人はあるが、働き手が集まらない「雇用のミスマッチ」だった。マッチング支援の施策として、求人情報メディア「さんりく仕事ネット」や地元企業の声を紹介する「三陸ワークス」を運営する他、マイクロソフトやリクルートと組んで若者むけの就業プログラムも展開した。製造・販売を再開できた事業者には、ヤフーのECサイト「復興デパートメント」をつなげ、販路をひらいた。時間がかかる商店街の再建には、とにかく今できることをと、移動販売事業を開始したり、まとまって仮設店舗に入居できるよう折衝を行うなども。鹿野さんら@リアスは、事業者サポートに文字通り奔走し続けた。

まちづくりは人。住民から市民へ

これからの復興の一番の柱になる、それぞれの地域の「まちづくり」。行政、外部企業の支援、NPOの取り組み、さまざまなプレイヤーが力を注いでくれるが、「まちづくりは、

Junichi Kano Interview **Story 07**

「最後は絶対に市民力だ」と、鹿野さんは震災前から言い続けてきた。

「地域の人が、ただそこに住んでいるという"住民"ではなく、"市民"になることが大事なんです。シチズンシップ、一人ひとりが自覚と役割で町に対して責任を果たす主体になるということ。おれらの町という意識を皆がどれだけ持てるか。そこにかかっているんです」。

以前鹿野さんが言った「震災前よりいい東北に」。まだまだ、目に見えて実現されてはいないが、この「市民力」という意味では、変化を感じているという。町を見渡しても、自分の意志を言葉に出す人が増えた。起業した若手いるし、国の緊急雇用事業で一時的に雇用されている人の中に、もっと責任を持って仕事をしたいという意識の変化も生まれた。

「帰りたくても帰れなかった」仲間たちのために

「町に仕事をもっとつくりたい」。こう考える鹿野さんの中には、一つの想いが常にある。都市に出ていった同級生や仲間たちが戻れる町に。会えば今でも「いつかは帰りたい」と言う彼らが戻って来れないのは、はやり一番は仕事なのだという。今ある仕事と生活を手放し、家族を納得させて移り住んでくるには、現実問題高いハードルがある。

彼らが戻ってくる町。ちゃんと仕事がある町。そのためにできることは何か。震災後の

取り組みの中でも、鹿野さんは特に仕事づくりに力を注いできた。前述の事業者サポート施策に加えて、＠リアス自らも緊急雇用を活用して雇用を拡大した。特に女性や若者の雇用では、市と連携して行った仮設住宅の連絡員事業がある。住宅内を回ってさまざまなサポートをする見守り部隊だ。2012年3月からスタートし、2014年には100人雇用。今後も独立した事業として運営できるよう、整備していきたいという。

「特別な状況だけに、それまでなら絶対に会わない、話もできないような人とどんどんつながっていきました。一番興奮したのは、事業支援プロジェクトの提案で、ヤフー、リクルート、マイクロソフトという大企業の方が同時期に「やりましょう」って言った時ですね。こっちは釜石の和菓子屋ですよ？ありえないようなことが実現していく、東北にとってまたとないチャンスなんですよね」。

これは鹿野さんに限らず、復興現場で何人の人にも聞いてきた話だ。本人は都市から田舎に「引っ込んだ」とすら思っていたのに、震災後、そのまま都市にいたのでは絶対できなかった大きな仕事ができているという話。県をまたいだ活動、さらに世界を相手にしたプロジェクトも。こうした、これまで東北になかった新しい息吹が、その後も続く事業となり企業ができ地域に根づいていった時、都市からのUターン者や移住者の増加という形できっと実を結ぶのだろう。

やっぱり、この町が好きだ

ある時、関東から出てきていたスタッフの若者が、会話の合間にこうつぶやいた。「僕、ぜんぜん地元に執着ないんで」。鹿野さんは聞いたという。「じゃあ想像してごらん。今日突然、帰る場所が無くなってしまうってこと。実家も全部。どこにも帰れない。そう

Junichi Kano Interview **Story 07**

いうことなんだよ。平気かい?」

　中学生へのキャリア教育を手伝った際も、鹿野さんは皆に語りかけた。「今夜急に、お父さんに別の町へ引っ越すぞと言われたらどうする?」「友達の家がどんどん空き地に変わっていったらどう思う?」とたんに不安そうな顔になる中学生たち。そして続ける。「お前らこの町を出てく時にさ、大人たちに、この町絶対に守ってねって言って出てけよ。俺たち必死に、お前たちが戻って来れる町、守るから。たくさん学んで力つけて、戻って来いよ」。

鹿野さんに話を伺った一時間の中で、「釜石」「この町」という言葉は何回出てきただろうか。どこまでもまっすぐなその想い。鹿野さんは頭をかきながら笑った。「……うん。やっぱ、この町が好きなのよ」。東京生まれ東京育ちで、どちらかというと前述のスタッフの若者に近い感覚の僕は、少し恥ずかしく、またそんな鹿野さんを少し羨ましく思った。

　震災から3年という今、やっと当時のことを冷静に考えられるようになった。新たに湧き出てきた感覚は「覚悟」だという。この町を、絶対に、いい町にする。ずっとずっと、立ち向かい続ける。そして、「10年先か20年先かわからないけど、もう一度お菓子屋さんやりたいんだ」。鹿野さんの和菓子屋がオープンする日、釜石の町はどんな姿になっているだろうか。

85

玉川啓
Akira Tamagawa

ふるさとの未来
STORY
8
15 STORIES

「対立」の時代を超えて。ふるさと浪江を再生させる

Story 08 ｜ふるさとの未来｜ Fukushima Fukushima / Akira Tamagawa Interview

全てが流されてしまった土地に、**どのような町をつくるのか**。放射能の影響でいつ帰れるのか分からなくなってしまった町を、**どのように「復興」させるのか**。そもそも「復興」とは、何なのか……。震災は人々に多くの**「正解のない問い」**を突きつけ、それは時に対立をも生んだ。**町の全域が避難指示区域**に指定され、避難対象の11市町村の中でも**最大の約2万人**がいまも避難生活を送る福島県浪江町。この町で、**数々の対立を乗り越え町の復興を進めた**一人の行政マンがいた。

前福島県 浪江町役場復興推進課
玉川啓 (42) 福島県浪江町

2010年に福島県庁より浪江町役場に出向。企画調整課主幹として、行政改革やまちづくり業務に携わる。震災が発生後は、災害対策本部行政運営班長、復興推進課主幹として第一線で災害対応に当たるとともに、浪江町復興ビジョン、復興計画の取りまとめにを行う。2013年より3年間の浪江町勤務を終え福島県庁へ復職。1971年生まれ。

住民と行政のパイプ役

「斜めに座らせてもらっていいですか？」

　福島県二本松市に避難していた浪江町役場の一角。インタビューを始めようとする僕に、同町復興推進課の玉川さんはこう言って席をずらした。正面に向き合う形で座るのは対立的な印象があるので、極力斜めに座るようにしているのだという。

　震災の約1年前から浪江町へ出向し、行政・町民が協力して行うまちづくりを推進していた玉川啓さん。原発事故直後からは全町避難の指揮をとり、その後は復興ビジョン・および復興計画の策定に携わった。行政と住民。得てして対立構造に陥りがちの両者だが、前例のない復興の道のりにおいて、行政と住民の「協働」が重要な要素であることは言うまでもない。常にそのパイプ役として活躍した玉川さんは、どのようにして対立から協働を生み出したのか。立場や境遇の違いが対立を生み課題解決をはばむことは、どこにでも起こりうる。玉川さんの取り組みは、震災復興の文脈を超えて示唆があるものだと感じている。

町民の想いを受け止める

　彼を理解する上で重要なエピソードのひとつが、原発事故から2週間ほど経った、旅館やホテルなどへの2次避難を準備していた時の出来事だ。長引く体育館での生活から住民の疲れもピークに達していたその頃。約200名を収容するある避難所の代表者が役場本部に押し掛けてきた。「2次避難の案内に対して納得できない」「全員拒否する」、役場の責任者を呼んでこいという要求だった。

　玉川さんが役場の責任者として、一人で現地へ赴くことになった。何を言われ、どんなに吊し上げられてもやむを得ないと覚悟を決めていた。避難所の大広間に足を踏み入れ、数百の目が玉川さんに向けられた。ここで玉川さんは、役場の考えを説明する前に、一人ひとりに目を向け、何を求めているのかを感じようと努めた。

「皆さんの目を見つめてみると、その奥から見えてきたものがありました。それは、この理解できない状況下で困惑した瞳、誰かしらに答えを求めすがりつくような瞳でした。まずは想いを誰かに受け止めてもらうことこそが、皆が求めていることなのではないか。そう感じました。そこからは説明会ではなく、私と町民の対話が始まったように思います」。

一人ひとりの目を見つめながら、玉川さんは状況を説明し、一人の個人として想いを伝えたという。「私の話が終わった後は、出てきたのは、不満ではなく、次のステップへの『不安』でした。強い口調で抗議していた方も、素直な質問を私に問いかけてくるだけでした。」

質疑もすべて終わった時、玉川さんの耳に届いたのは、満場の拍手の音だった。その後に、避難所で町民たちからもらった炊き出しのシチューの味は今でも忘れられない。そう玉川さんは話してくれた。

誰も住んでいない町の復興計画づくり

　震災後、被災した各市町村は向こう約10年の復旧・復興と、まちづくりの方針や工程を定める「復興計画」の策定を進めた。しかし、岩手県・宮城両県の市町村が2011年中に復興計画を完成させていたのに対して、福島県、特に避難区域に指定された原発周辺地域では、計画づくりが遅れていた。

　浪江町の復興計画策定へむけた検討は、2011年の10月からようやく具体化した。町民を中心とした検討委員会を発足させ、復興計画の前段となる理念や目標を定める「復興ビジョン」の策定を開始したのだ。

　しかし当時は、そもそも帰れるのかすら見えない中で、町の復興を議論することは非常に難しかった。「除染が進み環境が整ったら帰りたい」と願う人もいる一方、「もう帰る事は難しく復興はお金の無駄」と言う人もいた。考え方の違いから、地域内でも対立が生まれていた。さらに、町としてどのような判断をするのかにも注目が集まり、ドラマを期待するマスコミに「町が割れている」「帰りたい役場vs帰りたくない町民」といった構図で取りあげられることも多くあったという。

　そんな厳しい状況を打開したのが、玉川さんら浪江町役場のメンバーが主導した２つのアンケートだった。

　そのひとつは、避難状況や将来の町への帰還意向などに関する住民アンケートだった。通常は全「世帯」を対象に行うところを、高校生以上の全「町民」を対象に行った。

ふるさとの未来

問12 大人になったとき、浪江町はどんな町になってほしいですか（972件）

○震災前の元の浪江町（322件）

- しんさいよりもっと、じょうぶな家を作ってほしいと思います。
- ぼうはていをもっと、高くした方がいいと思います。

- もとのなみえ町にもどっていてほしい。

- いままでのような浪江町（原発事故の前）

- もとの町に戻っていればいいと思います。

- できれば、元の浪江町にもどってほしい。

- 元通りの浪江町
  - しかないでしょ!!

- 元のような町。

- 震災前の浪江町にもどっててほしい

- 震災前のにぎやかな町になってみんな優しくなっててほしい

- 今までのようにもどってほしい

- 前住んでいた浪江町と全く変わらない町になってほしいです。

- 震災・原発事故前の浪江町に戻てほしいです。

- 震災・原発事故の前の浪江町に戻てほしいです。

- しんさい前の浪江町

- 元どおりの町になってほしい。

- 地震のなかった前の浪江町に戻ってほしい。

- じしんまえとおなじなみえまちにしてほしい

- そのままの浪江町。(震災前の浪江町。)

- ふっこうして、もとの生活にもどってほしいです。

- 前と同じがいい

- まえみたいになってほしい。

- しんさいになる前の浪江町になってほしい

- 原発事故の前の様に放射能の心配のないきれいな浪江町になってほしい。

- みんなが安心してくらせる、前と同じ浪江町。ほうしゃのうが、ゆっくらいあっても、すめる町に、なってほしい。なるべく、はやく、ふっこうして、浪江町にもどれる事を願います。

- 放射線がなく、二度とこのような事故がないようにしてもらいたい。
- もとの浪江町になってほしい。

- いまのままで、キレイな じしんがおきる前と同じような"浪江町"になってほしいと思う。

- 今とかわらない町。海がきれいな町。

- 大人になったらまた 友友が浪江町にもどっていてほしいと思います。3/11 1Aの前のくらしそのものができるようになっていてくれていたらいいと思います。

3

ただでさえ災害対応で忙殺される中で、集計等の作業量が膨大になることを覚悟してのことだった。集まった1万1,000にもおよぶ回答からは、「帰る」「帰らない」の間にある一人ひとりの複雑な想いが見えてきた。「しわくちゃになった回答用紙に残された、2つの回答の間を何度も行きつ戻りつした気配。欄外への「決められないのに」というメモ。他県に住まいを決めた人が綴ったふるさとへの想い。マスコミが期待するような単純な対立構造よりも、はるかに深い人間の情感と現実がありました」。玉川さんは振り返る。

割れる町をひとつにした子供たちの想い

もうひとつ、浪江町が行った画期的な取り組みは、小中学生を対象とした「子ども向けアンケート」だった。「10年後20年後、町の将来を担う子供たちの声を聞かなくてよいのだろうか？」若手職員の発案から始まったアンケートには、約1,200人の声が集まった。都市部に避難している子供たちなので、当然便利な大都市になって欲しいという声が多いだろうと予想された。しかしそこに書かれていた回答は、全く逆のものだった。

「前のように楽しい町になって欲しい」「もとの町にもどってほしい」「僕が大人になったら必ず町を取り戻します」。めくってもめくっても、浪江町が大好きだと言う、ふるさとを想う子供たちの純粋な言葉が綴られていた。「私たち大人は、大事なことを見失っていたのかもしれません。気づいていなかった"ふるさとの価値"は、すでにそこにあったのです」。

そして町の職員たちは、これを受けて子供たちにこんなメッセージを送った。

私たち大人は、みなさんの想いに応えられるよう、復興へ向き合います。
みなさんが今後どこに住むとしても、一人ひとりが幸せに暮らせるように。
そして、みなさんが大切に思っているふるさとを、時間がかかったとしても、
しっかりと取り戻せるように。
なみえっ子のみなさん、いつまでもなみえを大好きでいてください。
なみえに生まれて良かった、みなさんが心からそう思える日がいつか来ることを願い、
私たちは明日に踏み出していきます。

※この「子どもアンケート」の結果「なみえの子どもたちの想い」は、pdfでウェブ上に公開されている。町から子供たちへのメッセージの全文も最後のページで確認できる。
http://www.quake-coop-japan.org/user/common/view?file_id-keiF20130612_1827

拙速に答えを急ぐのではなく、ひたすら町民一人ひとりの想いに向き合う。こうした

浪江町役場の姿勢は、表層には見えなかった町民たちの本当の声を浮かび上がらせた。このプロセスを経ることによって、目の前の判断だけに捉われることなく「それぞれの多様な判断を尊重しよう」「子供たちの未来のために何ができるだろう」と、町は根本的なところで目線を共有することができた。あえて回り道をしたことによって、議論は前に進んでいった。

対立の時代を超えて

僕はこう聞かざるを得なかった。「そこまでして守り、再生を願う町とは、ふるさととは、何なのでしょう？」

玉川さんは僕の目を見ながら、言葉を確かめるように答えてくれた。「仕事や学校や買い物といった生活の場、知り合いとのつながり、祭りや自然。これら町を構成する要素が、時を経て風土となり文化となり、人柄を育て、共有される価値をつくっていく。それらが、町であり、ふるさとというものだと思います」。

子供たちの目を通して再確認したそれらの価値は、決して奪い合うものではなく、「そこにあったもの」だった。誰もが持っていた日々の当たり前の中にあった幸せ。それを認識したうえで、「子供たちの未来のため」という目標を共有したときに、行政と住民、住民同士、さまざまな対立を超えることができるということなのだろう。「『対立の時代』『戦いの時代』に私たちは今まで暮らしてきました。誰が間違っていて、誰が絶対的な悪であるか、対立だけに留まる中では智慧は生まれず、課題も解決しないままになってきました。そろそろ、力をあわせて一つひとつの課題を解決していく時期に移ろうとしているのかもしれません」。

ふるさと再生を誓う町の決断

アンケートの後、2012年4月に復興ビジョンが完成。その後、町民を中心としたなんと100名の委員による約半年間の議論を経て、同年10月に復興計画が策定された。復興ビジョンおよび復興計画において定められた「復興の基本方針」の1つには、こんな一文が書かれている。

どこに住んでいても浪江町民。

人がいてこその自治体にとって、他の地域に住む人を町民として認めていくこの一文を「基本方針」として掲げる重みはどれだけのことだろうと思う。町民と向き合い、一人ひとりの暮らしと幸せを願い、対立ではなく協働を追求した浪江町らしい復興計画となった。

　2014年2月現在、町は数年後の帰還開始へ向けて急ピッチで除染やインフラ復旧などの作業を進めている。加えて生活サービスや仕事環境の整備も必要であり、乗り越えるべき課題は多い。避難区域の再編によって立ち入り制限が緩和された浪江市内に通い詰める形で、職員達の努力が続いている。

　2013年8月に行われた最新の住民意向調査によれば、町民の18.8%が町に「戻りたい」と回答した一方、37.5%が「まだ判断がつかない」、37.5%が戻らないと決めている」と回答している。数字だけ見れば、「町は割れている」「戻らない人が多数」ということもできるかもしれない。しかしそれは表層に見える一面でしかない。浪江の人々の心の中には、きっとふるさとがある。

ふるさとの未来
STORY
9
15 STORIES

菊池広人
Hiroto Kikuchi

持続可能な地域をつくる。戦略家がしかけるコミュニティづくりの一手

Story 09 ｜ふるさとの未来｜ Kitakami Iwate / Hiroto Kikuchi Interview

「地域住民が主体の復興を」「支援から、自治、自立へ」。時間が経つにつれ、震災からの復興とあわせ、**5年後10年後**を見据えた**持続可能性な地域づくり**を求める声は高まっている。そのためには、外部からの支援だけに頼らず、いかに**自立した活動を行う強い地域コミュニティ**を形成できるかがカギとなる。岩手県内陸部、北上市のNPOという立場でありながら、沿岸部で数々のコミュニティ支援策をコーディネートしている菊池広人さん。岩手NPO界の誇る戦略家のビジョンに触れてみよう。

いわてNPO-NETサポート　事務局長
菊池広人 (35) 岩手県北上市

大学卒業後、スポーツ関係のNPOを経て、2006年東京から岩手県にUターン。北上市における市民活動の推進と地域づくりを行う。震災後はいわて連携復興センターの立ち上げに携わるとともに、北上市と連携して大船渡市および大槌町の仮設住宅運営支援、きたかみ震災復興ステーションの運営などを行う。1978年生まれ。

仮設住宅のコミュニティ支援

　子供や高齢者をともに見守り、農作物を融通し合い、困りごとがあれば近所で助け合う。震災を経験した人々がその重要性を改めて実感したものは、元々の地域が持っていたこうした人と人のつながり、つまりコミュニティだった。各地で復興に取り組む関係者に好事例の共有をしたいと開始した我々『東北復興新聞』が、創刊号で特集したもの、それが岩手県大船渡市で行われていた仮設住宅のコミュニティ支援事業だった。

　震災後に900を超える地区で建設された仮設住宅は、その数5万3,000戸を超える。各地でその運営がされていたが、ゴミや騒音など日々の困りごとに始まり、引きこもりや孤立への対応、住民の新しい自治組織の形成など、急ごしらえでつくられた「新しい生活の場」は多くの課題を抱えていた。仮設住宅運営事業の好事例として後に多くのメディアでも紹介されることになる大船渡市。その仕組みの立ち上げから運営の中心となったのが、菊池広人さんだ。

行政のカウンターパートとなる組織をつくる

　震災直後から避難所運営などを行っていた菊池さんは、各地で支援活動しているNPO組織をネットワークして、情報の共有や地域を越えた連携を生みたいと考えていた。そこで、震災前よりつながりのあった岩手県内のNPOとともに立ち上げたのが「いわて連携復興センター」だった。「これから膨大な復興業務が発生する中、行政だけで

はまわらないことは目に見えてました。行政のカウンターパートとなれる組織体が必要だと思ったのです」と菊池さんはその意図を説明する。その頃に宮城県で立ち上がったみやぎ連携復興センターを模しての名称で、後に設立されるふくしま連携復興センターとともに、3県の連携復興センターは、その後も復興関係NPOの中心的役割を担っていくことになる。

2011年4月末に設立されたいわて連携復興センターは、5月には菊池さんの地元である岩手県北上市と協働支援協定を締結した。6月からは支援先として手をあげた大船渡市と協議を開始し、一番の課題であった仮設住宅の運営において、大船渡市・北上市・いわて連携復興センターで連携して事業を推進する方向性が固まった。大船渡市に拠点を持つ人材派遣会社や社会福祉協議会などの関係者を巻き込みながら、7月にはスタッフ募集の開始、9月に事業開始と、ものすごいスピードで物事を進めた。

300人の雇用を生んだ「大船渡モデル」

大船渡市内には、37の仮設団地に約1800戸の仮設住宅がつくられた。そこに住む約4,000名の市民を支える仮設住宅運営事業の軸は、各仮設団地に常駐する「支援員」と、本部に設置されたコールセンターだ。

支援員は、平日朝8時半から夕方5時半まで交代で1人につき30世帯ほどの担当世帯を毎日訪問し「声かけ」を実施。独居高齢者などの孤立を防ぐとともに、仮設住宅の

生活に関する住民の声を広い、またイベントなどの情報を直接伝えている。さらに各地区につくられた集会所に管理人として常駐することで、住民による寄り合いやイベントなどが生まれやすい環境をつくった。場所の管理に留まらず、住民の相談相手として機能することで、特に自治会活動の活性化を重点的にサポートした。

コールセンターには専任スタッフ2名以上が常駐し、全仮設住宅民と外部からの問い合わせを一手に受ける。雨漏りの修繕要請から生活の細かな相談まで電話の内容は多岐に渡るが、行政機関や民間サービスにつなぐなどの対応をここに集約。各地で立ちあがった仮設住宅の中でも、コールセンターを運用している例は他に少ない。

菊池さんはこの事業は他の地域でも展開する価値が高いと、「モデル化」を進めた。民間企業の寄付金を活用し、仮設住宅を個別訪問してのアセスメント調査や、支援員のスキルアップへ向けた研修の実施など、ノウハウの仕組み化・マニュアル化を行った。そして構築された大船渡モデルは、2012年2月には大槌町、同年3月には釜石市へと横展開されることになる。

この事業により、岩手県3市町で雇用された支援員やコールセンタースタッフは約300名に上る。震災の影響で職を失った人を雇用する際に負担する国の「緊急雇用創出事業」によるもので、菊池さんは当初よりこの事業の活用による地元雇用が、復興の取り組みの大きなカギを握ると考えていた。「外部の支援者に頼るだけでは地域にノウハウが蓄積されず、自治の力が上がっていきません。地元住民自身が当事者となって関与することが、その先の住民自治にもつながっていくのです」。

中間支援NPOの価値

菊池さんの取り組みの特徴の1つは、自らが個別事業の主体者とならない「中間支援」の立場を徹底していることだろう。自らを「会議屋」と呼ぶ彼の仕事は明確だ。課題を明確にして、解決へ向けた道筋を導き出し、具体化にあたって必要なプレイヤーをそろえるための場（会議）をつくる。課題解決のための戦略と実行プランを描くことだ。

例えば大船渡市の仮設住宅運営事業の開始にあたっては、被災した大船渡市はマンパワーが不足しており、緊急雇用事業を活用できないでいたことが課題だった。そこで導かれた解決策は、沿岸部支援に乗り出した北上市が事業主体となり、緊急雇用事業を活用して支援員を雇用して大船渡市の仮設住宅の運営を行うというスキームだった。「私が絵を書く訳ではありません。必要な関係者の話し合いの場をつくり、そこで出て

仮設住宅団地
受付窓口
里親募集中
タクシー会社
大船渡タクシー 0192-26-
カンノタクシー 0192-26-
東海タクシー 0192-26-
大船渡地区認知症の人と
第15回 つどいの会開催
○とき 平成22年10月2
13:30〜15
○ところ 前田公民館 2階
（大船渡合同庁舎斜めと
○内 容
「フリートーク」
介護の悩みなどお話しませ
聞きたいことや感じている
自由に話しましょう。
○参加費 無料 次回
立根駐在所だより
岩手労働局
就職支援相談
10月20日
11:00〜14:00
集会所

きた内容を落とし込む。そのちょっとした手助けをしているだけです」と菊池さんは言うが、ある自治体の事業を他の自治体が行うことは異例のことだろう。

復興の先にある自治のために

　震災から時間が経過すれば、復興予算や外部からの支援が先細っていくことは明確だ。これからは、いかに各地域の住民自身が主体となって町をつくっていくのか、つまり住民の自治力がより問われていくことになる。そしてこの自治力の向上こそ、菊池さんが北上市や沿岸地域で行ってきた取り組みの目指す先にあるものだ。

　菊池さんは、自治力の高い住民のあり方として、今まで行政が担ってきた公共サービスへの住民の参画をあげる。たとえば北上市では、2006年から公民館の運営を各地域の自治会へ委託する「指定管理」のしくみを導入してきた。利用する住民自身がサービスの提供者となることによって、創意工夫が生まれ、サービスレベルが向上し、コストも大幅に下がった。これから新しく町をつくる復興現場においても、住民による公共サービスへの参画を促すこうした仕組みは、自治力をあげるのに有効な手段となるだろう。

　もう1つの自治の形は、コミュニティビジネスだ。例えば前述の大船渡モデルで支援員やコールセンターが住民に提供している機能は、仮設住宅を出た後も必要とされるものだろう。今は緊急雇用創出事業等を活用して支援員を雇用しているが、必要な機能であれば、住民自らが費用を負担してこの仕組みを維持するという方向へシフトしていく。「コスト計算をすると、一世帯あたり月に1万円弱、年間10万円ほどになります。ちょっとしたマンションの共益費と同じ値段で、より必要なサービスを受けることができる訳で、払えない額じゃないと思います」。

　菊池さんは、コミュニティビジネスの例をもう一つあげてくれた。「北上市に330戸、住人1,000人くらいの黒岩地区という所があります。ここの住民はお金を集めて農協から施設を買い取り、高齢者や独居の方に栄養価の高いものを食べてもらうために、配食サービスをしています。ただ、地域で必要な数量は限りがあるので、それ単体だと収支が合わない。そこで、地元のレストランで食事を提供する、町内の事業所から弁当の注文を受けるなどして、地域の中で助け合いながらビジネスを成り立たせています」。地元に必要な機能を、サービスとして地元の人間が提供して経済を循環させ、足りない分を地域で補完し合う。こうしたコミュニティビジネスの仕組みをつくることが、持続的な良い地域社会につながると菊池さんは言う。そのために、担い手の育成や個別の活動のサポートを今後してきたいと考えている。

リソースをつなぎ、地域を後押しする

　2013年末。大船渡市に新しく「市民活動支援センター」が立ち上がった。市内の市民活動団体による活動の促進し、市や社会福祉協議会などを含めた連携強化を目的としたもの。いわて連携復興センターが岩手県全体で担った役割を、大船渡市内でより密な関係の中でやっていこうという試みだ。菊池さんのいわてNPO-NETサポートは、市外の団体でもありながら立ち上げ期の事務局を担っている。

　「地元が好きで、地域を良くしていこうと思う人を、みんなが応援しているような状態をつくることが、自治力の向上につながっていきます」と菊池さん。まちづくりをしたくない人に無理矢理参加させるのではなく、やりたいと思った人が一歩を踏み出せるように、踏み出した一歩が前に進んでいくように後押しする。持続可能な地域に必要なことは、新しいイノベーションというよりも、そうした下支えの仕組みなのだろう。そのためには、活動の精度をあげる情報、内外のネットワークやノウハウ、時には人材や資金といったさまざまなリソースを、適切に活用できるためのつなぎ役が必要になる。それが、菊池さんの担ってきている「中間支援組織」の価値と言える。

　災害公営住宅や集団移転のための工事も始まり、これからいよいよ仮の家から常設の家への移行が始まる。震災復興から、地域づくり、まちづくりへとフェーズがまた変化していく中で始まった、新たな取り組みだ。「地域それぞれの良さをつなぎ続けられる県にしたい」と話す菊池さんの目は、地元北上や大船渡だけを見ている訳ではない。彼のしかける施策に、これからも期待していきたい。

やくしまの未来
STORY
10
15 STORIES

佐藤健太
Kenta Sato

福島のリアルを発信せよ。若きリーダーが描くふるさとの暮らし

Story 10 ｜ふくしまの未来｜ Iitate Fukushima / Kenta Sato Interview

2013年11月、福島市。あるグループの**ド派手な旗揚げ公演**が大盛況のうちに幕を閉じた。**エンターテイメント集団**「ロメオパラディッソ」。新たなエンターテイメントで福島を盛り上げようという試みだ。仕掛け人は、福島の未来を語り合う住民会議**「ふくしま会議」**の立ち上げや国内外での講演活動など、**福島からの情報発信**に力を注いできた佐藤健太さん。数々のプロジェクトを手がけた若きリーダーはいま、何を思うのか。

ふくしま会議 理事／ふくしま新文化創造委員会 代表
佐藤健太（31）福島県飯舘村

東日本大震災以降、飯舘村の避難要求や村民向けの健康手帳作成などを行った「負げねど飯舘!!」にはじまり、「ふくしま会議」「ロメオパラディッソ」など数多くのプロジェクトの中心人物として活動。国内外で福島の現状を発信している。1982年飯舘村生まれ。

ビレッジボーイ、世界へ

　福島県飯舘村出身の佐藤健太さん。その端正な顔をどこかで見た記憶がある人もいるかもしれない。震災以降さまざまな活動を行い、各種メディアやイベントにも多く登場した、福島を代表する若手スポークスマンの一人だ。

「飯舘村に住んでおります。放射能数値が高いにもかかわらず屋内待避の範囲にすら入らず、外で仕事を続けざるを得ない状況です」。原発事故直後にツイッター上で発したメッセージのひとつ。高線量を浴びながら避難区域の指定まで時間を要した*同村から、佐藤さんは支援を呼びかけ、多くのフォロワーを獲得した。4月には村民決起集会を行い、村内で住民組織「負けねど飯舘!!」の立ち上げにも関わった。村役場と一緒になって村民の健康確保へ向けた取り組みを行い、その成果のひとつは全村民への健康手帳の配布などにつながった。

*飯舘村が「計画的避難区域」に指定されたのは2011年4月22日。実際の避難は乳幼児を持つ家庭などを対象に同年5月15日から順次行われた。

　2011年11月には、民俗学者の赤坂憲雄氏らが立ち上げた「ふくしま会議」の事務局長(当時)に。老若男女、福島県内外、住民―行政―大学―NPO、あらゆる壁を超えた延べ1,300人を超える人々が、福島の復興についてオープンに議論する画期的な場を生み出した。その後もさまざまな団体の要請に応じ、国内の各地や国外はヨーロッパ各国などで福島の現状を訴え、交流を重ねていった。

　こうして、飯舘に生まれ、飯舘に育ち、飯舘で働く自称"生粋のビレッジボーイ"は、福島の復興を代表する若手スポークスマンへと、活動の場を広げていった。

想いと勢いだけで走り出した

　2013年夏、彼は全く違う角度の活動を開始した。それが、エンターテイメント集団「ロメオパラディッソ」。キャッチコピーに「100年続くエンターテイメントをふくしまから」と掲げ、音楽とダンスと芝居とがミックスした舞台をつくると宣言した。なぜエンターテイメント？　そんな疑問を持ちながら、僕は福島市内にある、「ロメオ城」と呼ばれるコンクリート打ちっぱなしの建物を訪ねた。借りたばかりというそこは、メンバーたちの稽古場、兼宿泊所となっている場所だった。

「複雑な状況にある福島。こんな時だからこそ、未来に思いっきり明るいものを残したい。避難せざるを得なかった人たちも含め、皆が誇りを持てる福島にしたいんです」。

　爽やかな笑顔でこう語った後、佐藤さんはまじめな表情で話を始めた。原発事故の収束は難航し、除染も進まない、莫大な復興予算で国の借金は積み上がるばかり。このままの状態で次の世代にバトンを渡す訳にはいかない。支援を受けるのではなく、新しく価値を生み出す、次のフェーズにいく必要があるのだと。「『福島といえば』というもので今まで、フルーツなど旬のある物以外に通年で楽しめるものは、なかなかありませんでした。福島にはこれがある、これがスゲエ！、ってものを作りたいと思ったんです。そしてそれは、原発や放射能とは全く違う文脈で、みんなが笑顔になるようなポジティブなものがいい」。

　想いと勢いだけで動きだした。まだ脚本もメンバーも決まっていない中、1,300人収容する福島市公会堂を押さえてしまう。全国を飛びまわり著名な脚本家や俳優、メディアなど片っ端から会いに行き、夢を語り協力を呼びかけた。「自分でお尻に火をつけて走り出したものの、反応は散々でした。素人にできる訳ない、演劇を舐めるな、100％無理だって。めちゃくちゃヘコみましたけど、逆に吹っ切れましたね」。大物プロデューサーをつけるのではなく、ゼロからメンバーを募集し、資金調達に奔走し、大道具小道具も手づくりし、全てを自前で行った。

　こうして生まれたロメオパラディッソには、福島出身者や在住者を中心に、俳優、歌手、ダンサー、パフォーマー、個性豊かな30人のキャストが集まった。佐藤さんはプロデューサーとして資金調達や広報、チケット販売に注力。資金調達のために利用したクラウドファンディング（不特定多数の人に呼びかける資金調達）サービス『READY FOR?』では、史上2番目に多いという7,000近い「いいね！」を集め、2ヶ月で200万円を集めることができた。

福島の新たな文化のはじまりへ

「ロメオ城」に籠り稽古を続けること約4ヶ月、ついに11月16日の旗揚げ公演を迎えた。30人の男たちは、未来にタイムスリップするバンドを描く音楽×ダンス×芝居の創作劇を、約1,500人の観客の前で披露した。心配していた観客の入りも、用意した関連グッズの売れ行きも、そして公演内容への反響も、全て上々だった。鳴り止まないスタンディングオベーション、ホールにはたくさんの花束が並び、公演後のロビーは笑顔と涙の人で溢れかえった。

やりたかったことは実現できたのか、佐藤さんはこう振り返る。「無謀なことでも、みんながホンキになったことが全てです。それぞれの何かしたいという衝動、己へのプライド、福島への想い。それらがひとつになったことで、見に来てくれた人たちに感動や共感、ワクワクを感じてもらえた。自分も何かしてみたくなった、生きる元気をもらえたと泣きながら言ってくれた観客もいた。ちょっとした火種を生み出す、一石を投じることはできたかなと感じています」。

今後は、大きな会場での公演だけでなく、学校や小さな舞台でのパフォーマンスなども含め、地域のエンターテイメント集団として活動を続けて行く。地域の企業が積極的に文化を支える仕組みをつくり、「3年後には震災記念館を併設した常設シアターを福島市内につくり、国内外から福島に足を運んでもらうための母体となる。これが次のロメオパラディッソの大きな目標です」。宝塚歌劇団の100年や、劇団四季の60年。古くは歌舞伎や能。何事も、始めは小さくても長い歴史を経て文化となっていく。2013年11月16日が新たな福島の文化の生まれた日になることを願ってやまない。

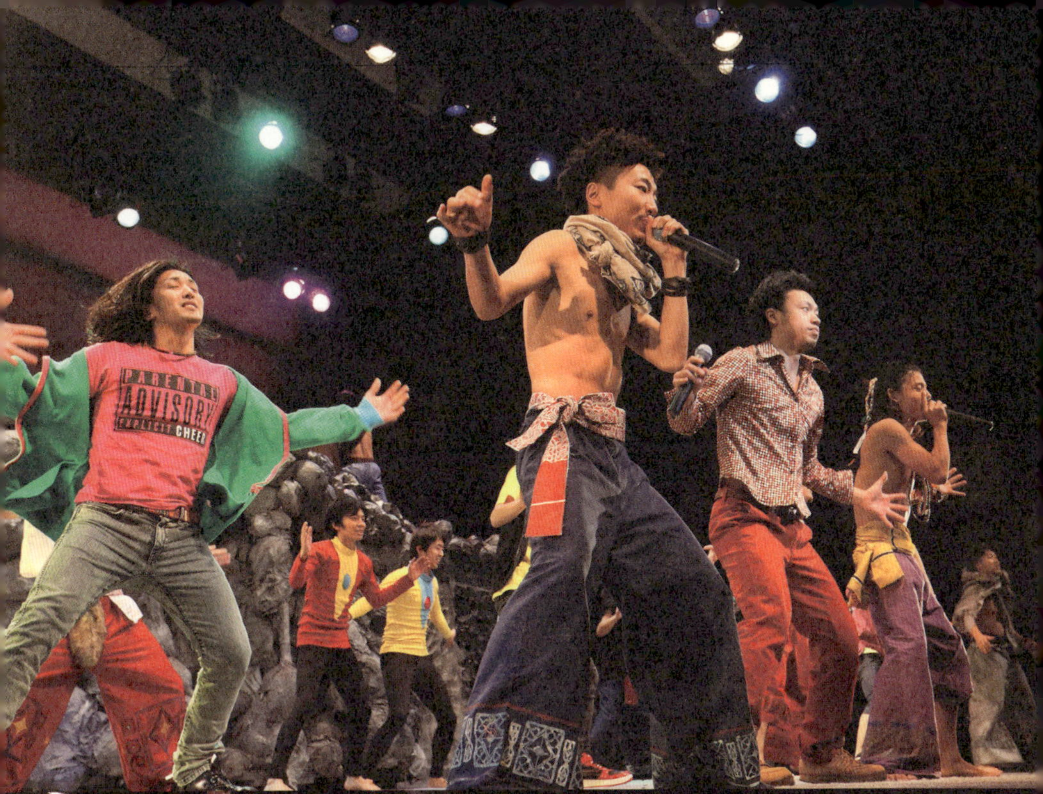
ADVISORY
CHEER

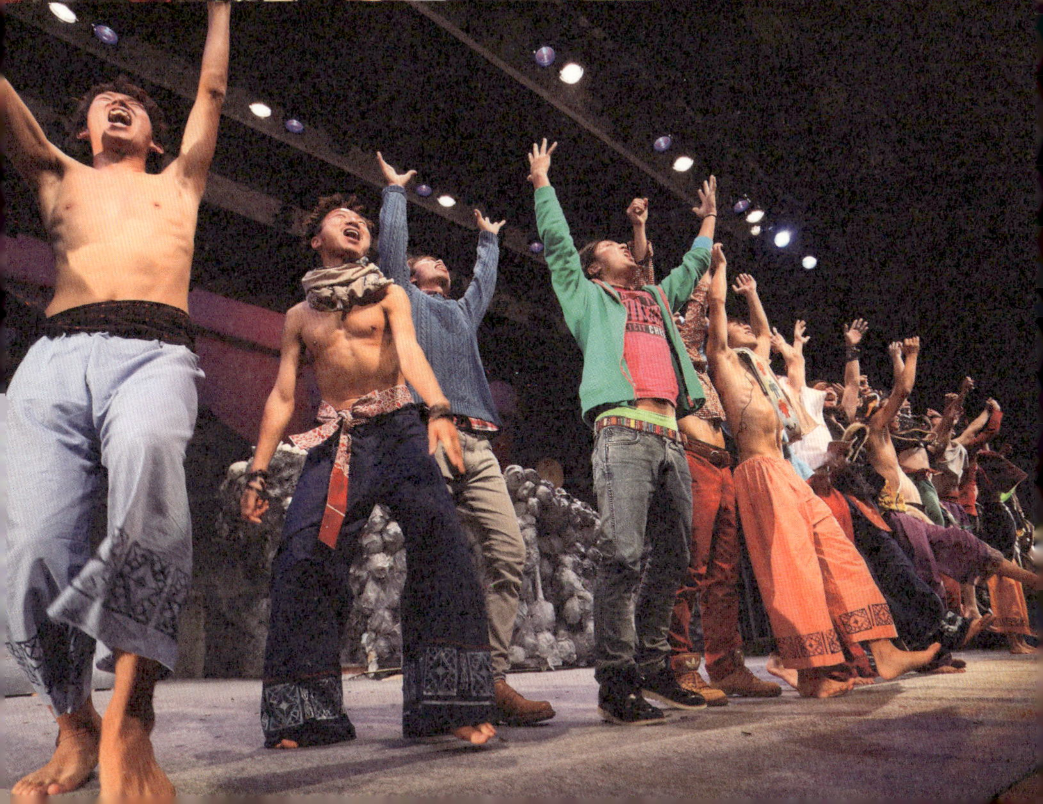

彼が一番大切にしているもの

　飯舘村での奮闘から、ふくしま会議や国内外での講演活動、そしてロメオパラディッソ。精力的な活動の原点を探るべく過去についても聞いてみた。高校卒業後、仙台の専門学校へ通い、その後まもなく村に帰ってきた。学生の頃はつまらないと思っていた村も、ずっとここで生きていくと決めた頃から意識が変わってきたという。彼の口から何度かでてきた「ふるさと」という言葉についてたずねると、飯舘村について、話をしてくれた。

「飯舘村は山の中なので、自然に近い生活でした。春の楽しみは、長い冬を越えて芽吹く山菜採り。夏は祭りにバーベキュー、秋はなんと言ってもキノコですね。自分だけのシロ（秘密のキノコの在処）に行って大きなシメジなど見つけた時の嬉しさったらなかったです。冬はスノボと、みんなで囲む猪の鍋。自然のサイクルの中に暮らしがありました。それと、おすそ分け文化。朝起きたら家の前に笠地蔵みたいに白菜と大根が置いてあったり、猪が穫れたらおすそ分けがあって、冷凍庫はパンパン。冬はそれ以外の肉は食べてませんでした。懐かしいですね」。

　つつましい生計の中での楽しみ。人の繋がり。地域の祭りやイベント。こつこつと積み重ねてきた関係や信頼。美しい自然とともにあった村の暮らしには富としてのそれとは違う、豊かさがあった。「いくら賠償金を積まれても、元の生活を戻して欲しいだけ。いまだに腑に落ちません」佐藤さんは言う。ただし、攻撃的な印象はない。彼から感じたのは、悲しみや憤りというよりも、ただただ村の生活をいとおしむ、純粋な気持ちだった。

若きリーダーのこれから

　実は佐藤さんの父親は、震災後一時的に仕事を離れたが、今は飯舘村で仕事を続けている。

　避難や会社移転の是非など、最初のうちは意見の食い違いから衝突した父子だったが、少しずつお互いの判断を認め合えるようになってきた。「実家に帰る度に、復興や放射能に関する書籍が増えているんですよね。父は父なりに考えた上での判断なのだから、尊重したいと思っています。僕自身の活動についても、『やりたいことがあるならしっかりやれ』と言ってもらえるようになりました」。震災前は父親の経営する会社で働いていた佐藤さん。避難のため現在は村と仕事から離れているが、長男としていつかは会社を継ぎたいと思っている。

　震災後の激動の3年間で、佐藤さんはいくつもの肩書きを持つようになった。ロメオパラディッソを主催するNPO法人ふくしま新文化創造委員会の代表理事、一般社団法人ふくしま会議の理事。彼はそれらを続けていくだろう。しかしそれと同時に、彼はいつか、何よりも大切なもののために村に帰って行く。いつか彼はこう言っていたことがある。「伝えたい、のではないかもしれません。感じてもらいたい。そしてそれが、僕が向き合えた誰かに、生きる上で何が大切なのかを考えるきっかけにしてもらえれば、それでいい」。彼の大切にしてきたふるさとの豊かさに心打たれた者として、これからも彼を応援していきたいと思っている。

ふくしまの未来
STORY
11
15 STORIES

菊地基文
Motofumi Kikuchi

誇り高き漁師が相馬復活の狼煙をあげる。

Story 11 ｜ふくしまの未来｜ Soma Fukushima / Motofumi Kikuchi Interview

原発事故の影響で**操業の自粛**が続いている福島県の漁業。2012年6月からは、安全性が確認された一部魚種を対象として部分的には漁が再開したものの、**全面的な再開は見えない状態**が続いている。

海に出ることを制限されてしまった漁師たちは、その事実をどう受け止めているのだろうか。どんな希望を持っているのだろうか。

ここに、仲間と共に**新たな挑戦**を始めた一人の漁師がいる。再起をかける**男の生き様**に迫る。

沖合底引き網漁船「清昭丸」船主
菊地基文 (37) 福島県相馬市

大学卒業後に帰郷、福島県相馬市で15年底引き網漁を続ける。震災後、試験操業が続く中「どんこのつみれ」の加工、販売を開始。県内外のイベントなどを通じて発信に努めている。平行して2012年10月にはNPO法人そうまグリーンアークを立ち上げ、自然エネルギーの普及や節電・省エネルギーの活動も続けている。1976年相馬市生まれ。

相馬の文化、鈍子をつみれに

　パーカーの上に革ジャンを着た目力の強いイケメンに、サイドと後ろを刈り上げたポニーテールの男性。東北の漁業者、水産事業者が集まっていると聞きお邪魔したその場の中でも、特に印象に残る2人だった。その会合「三陸フィッシャーマンズキャンプ」の場で彼らは、「相馬の文化」だという鈍子の、身と肝と一緒にたたいてつくる"つみれ"を商品化したいと発表していた。

　「独特のやわらかい白身と胆の脂がつくるふわふわした食感が絶品。いわしなど他の青物との違いを味わって欲しい」。福島県相馬市から来た漁師、菊地基文さんは胸を張って説明した。名前は「どんこボール」。値段もパッケージングも流通もまだ決まる前の立ち上げ段階だったが、興味を持った僕は菊地さんにインタビューを申し入れた。東北に通い始めて鈍子の肝の美味しさの虜になっていたこともあるが、相馬の漁師がなぜこれを始めたのかを、聞きたかったからだ。

震災前の"稼げた"相馬の漁業

　生産金額や就労人口の減少、高齢化などの課題を抱えている日本の水産業の中で、福島県は全国と比較して収益が高く、かつ高齢漁業者の割合も少ないいわゆる"優等生"だった。菊地さんの地元、相馬市の原釜漁港も若い漁師が多く、30代半ばの菊地

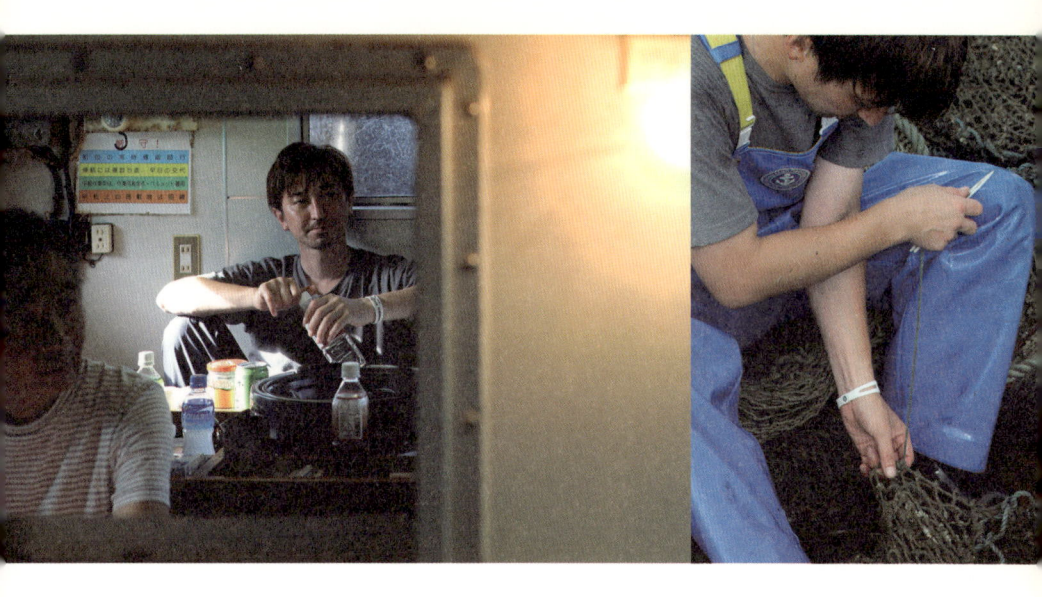

Motofumi Kikuchi Interview **Story 11**

　さんはもう中堅。それだけ、稼げた。海が荒れて他の港の船が出航を見合わせる時にも、漁師たちは喜び勇んで海へ出た。他で水揚げがされない分浜値は上がり、大いに儲けた。「海難事故も多かったけど、それが原釜の漁師でした。腕一本で生死をかけて海に出て、稼ぐ。これが漁師の醍醐味でしょう」。

　彼らの仕事場は、原発事故により奪われてしまった。事故後は1年以上、全漁師が漁を自粛。港内や湾内のがれき回収を仕事として請け負った。2012年6月から始まった「試験操業*」も週に1回。さらに2013年8月には第一原発から放射性物質が流れ出ている汚染水問題が発覚し、その試験操業も一時休止となった（9月より再開）。港町を支えていたのは漁師だけではない。浜にあがった魚をきれいに並べて市場に出すのは女性たちの仕事だった。魚を買い付ける仲買人がいて、その先の料亭や小売店があって町の経済がまわっていたが、それもなくなってしまった。町は元気を失い、やることを失った菊地さんにとっても、張り合いのない日々が続いた。

*安全性の確認された一部魚種のみを対象として、小規模に行う試験的な漁。

「食べさせてもらう」ままでは、だめになってしまう

　東京電力から漁師への営業補償は、個々人の過去5年間の売上から算出して約8割。その他にも瓦礫回収や除染、土木作業の仕事があるので、原釜の漁師たちはそれをやれば震災前と同じだけ稼ぐこともできる状態にあった。

昔から原釜では15〜16歳から漁師になることも珍しくなかった。2年目からは1人前の給料になり、多ければ1年で1,000万円稼げることもあった。自分の腕で稼ぐ喜びが、そこにはあった。しかし。「試験操業をもっと増やそうと漁業組合で話になったことがあります。そしたら嫌だって言う若い船方（乗組員）がいるんですよ。海に出るほど辛いことしなくても稼げるって。でもそれって『食わせてもらってる』ってことですよね？こんな状態が続いたら、若い奴らはだめになってしまう。町の漁師文化がなくなってしまう」。

　菊地さんは大学生の時に、漁師だった父親を亡くしている。その父親がよく言っていた言葉がある。「どんなに稼いでもおかず一品多いだけでいい」。この言葉を思い出した。菊地さんは自身のお金と労力を、町を盛り上げること、漁師文化を守ることに使おうと決めた。補償をもらうようになってからは「悔しいから」とパチンコも一切やめ、自然エネルギーの普及を目指すNPOも立ち上げた。「口で言っててもしょうがないから、若い奴らに背中を見せたいって思ったんです」。

どんこボールで相馬復活の狼煙を上げる

　何かしよう。その想いは、すぐに「どんこボール」のアイデアへとつながっていった。

　菊地さんは下積み時代、船の上で先輩漁師のためにまかないを10年間つくり続けていた。数々の漁師料理の中でも、自信があったのが、鈍子のつみれ汁だった。実は以前からこれは売れると思っていたそう。鈍子は相馬で親しまれてきた大衆魚ということもあり、地域の文化を守ることにもつながると思った。「昔から、嫌ってくらい鈍子を食べて育ってきました。でも事故後は水揚げができなくなって、今は地元のスーパーからも鈍子の姿は消えてしまった。商品化したら、自分の子供にも食べさせられるとも思いました」。

　幼なじみで魚問屋の飯塚哲生さんと手を組み、商品化に取り組み始めた。2013年1月頃のことだ。冒頭の「三陸フィッシャーマンズキャンプ」で商売のイロハを学び、他県の漁師たちの取り組みに刺激を受けた。鈍子は北海道や青森から買い付け、地元でどんこボールに加工して、ブランドにして外で売る。「ヒントは博多の明太子でした。博多でタラは獲れませんが、北海道やロシアから仕入れた原料を加工して一大産業に育てています。こっちもいつか『あのどんこボールの相馬』ってなったら嬉しいですよね。今は相馬で鈍子を獲ることはできないけれど、いつか来る本格操業の時に備えてブランドを育てていけたらいいですね」。

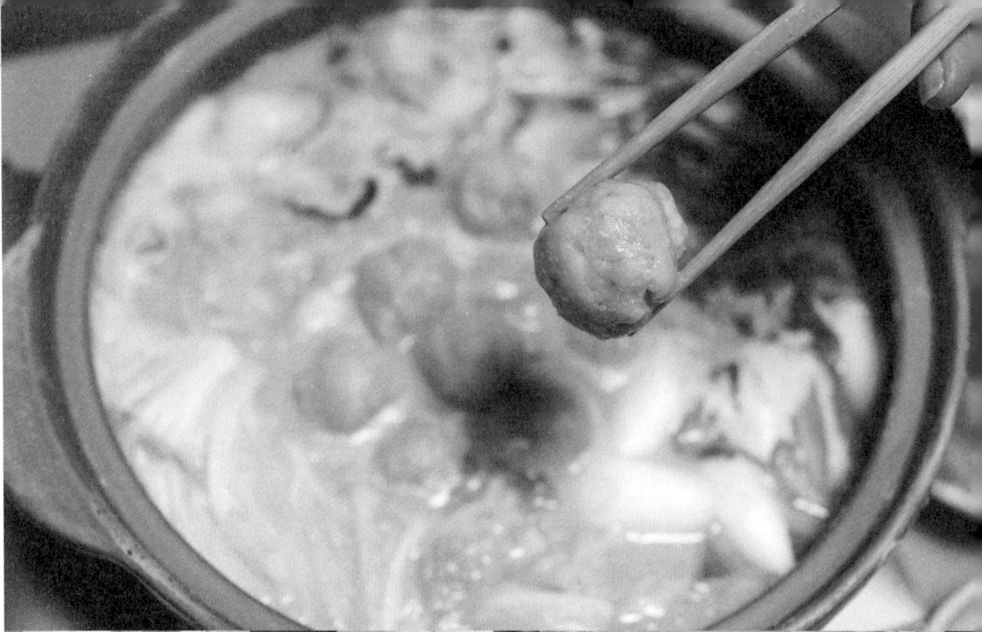

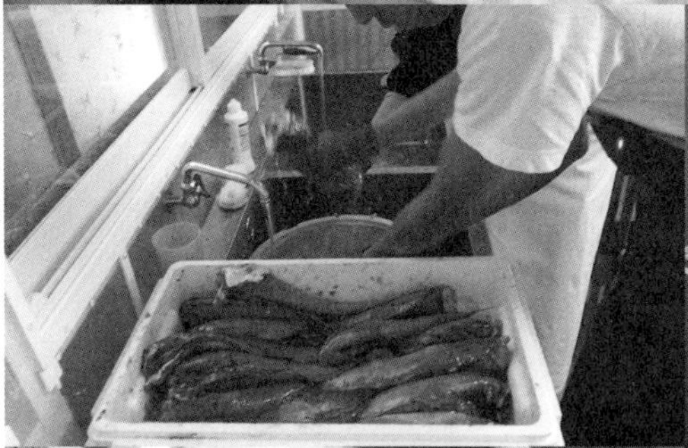

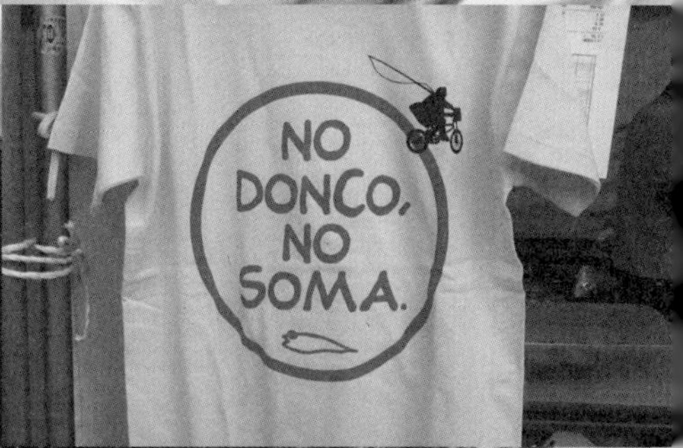
NO DONCO, NO SOMA.

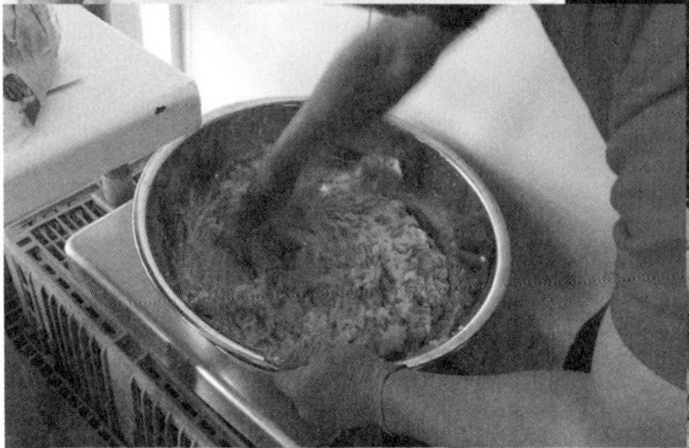

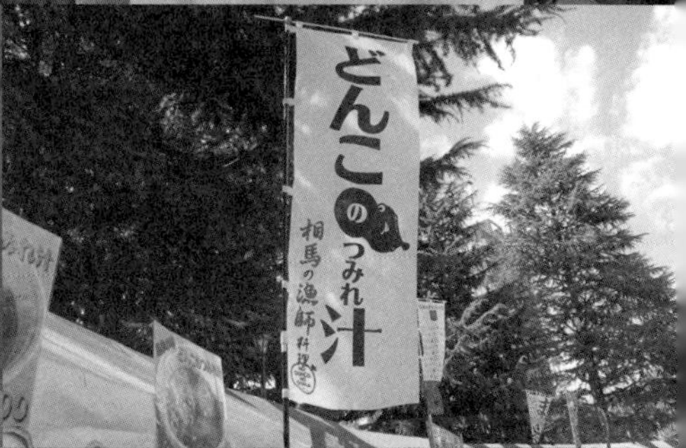
どんこのつみれ汁
相馬の漁師料理

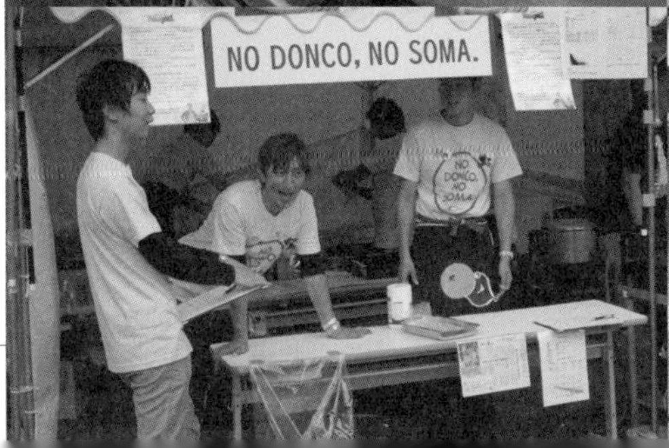
NO DONCO, NO SOMA.

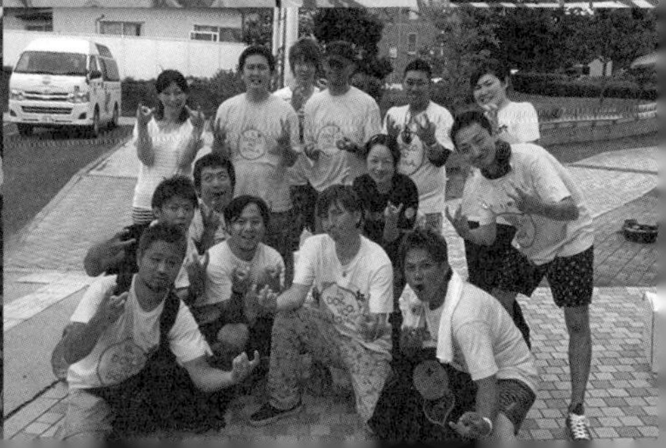

NO DONCO, NO SOMA

　その後はひたすらイベント行脚を重ねた。地元の祭りに始まり、福島、神奈川、東京。「NO DONCO, NO SOMA（鈍子がなくちゃ相馬じゃない）」の看板を下げ、アニメ『ドラゴンボール』を模したデザインの黄色いTシャツを着て、各地でどんこボールを売り歩いた。味に自信はあった。商品の裏にあるストーリーも持っている。それがどこまで通用するのか知りたかった。それが手応えに変わったのは、2013年9月に仙台で行われた「仙台フードコンベンション」だった。東北中から有名店を含む31店が集まった中、来場者の投票で5位の評価を受けたのだ。実店舗を持ってないのは菊地さんたちだけ、しかも始めて半年程度の新参者だ。これはいける！と仲間たちで祝杯をあげた。

「大変だけど、お客さんの反応を直接見られるのは力になる」と菊地さん。東京のあるイベントでの出来事が忘れられないという。「2日間のイベントだったんですが、初日にどんこボール食べてくれた子供がいて、うまいっ！て言ってくれた。それだけでも嬉しかったのに、翌日また来て、ママあれ食べたい！ってまた来てくれた。子供って純粋ですから。福島応援、とかじゃなくて本当にうまかったんだって思えて嬉しかった。なんか自分の子供とシンクロして、子供の世代に引き継いでいけるかもと思って、グッと来たんです」。

　2014年1月に行われた、東北の被災3県から自慢の料理が集う「復興グルメF-1大会」では見事準優勝。地元のテレビでは、家族と一緒に壇上にあがって歓声をあげる菊地さんの映像が流れた。「どんこボール」の名前は少しずつ広がってきている。

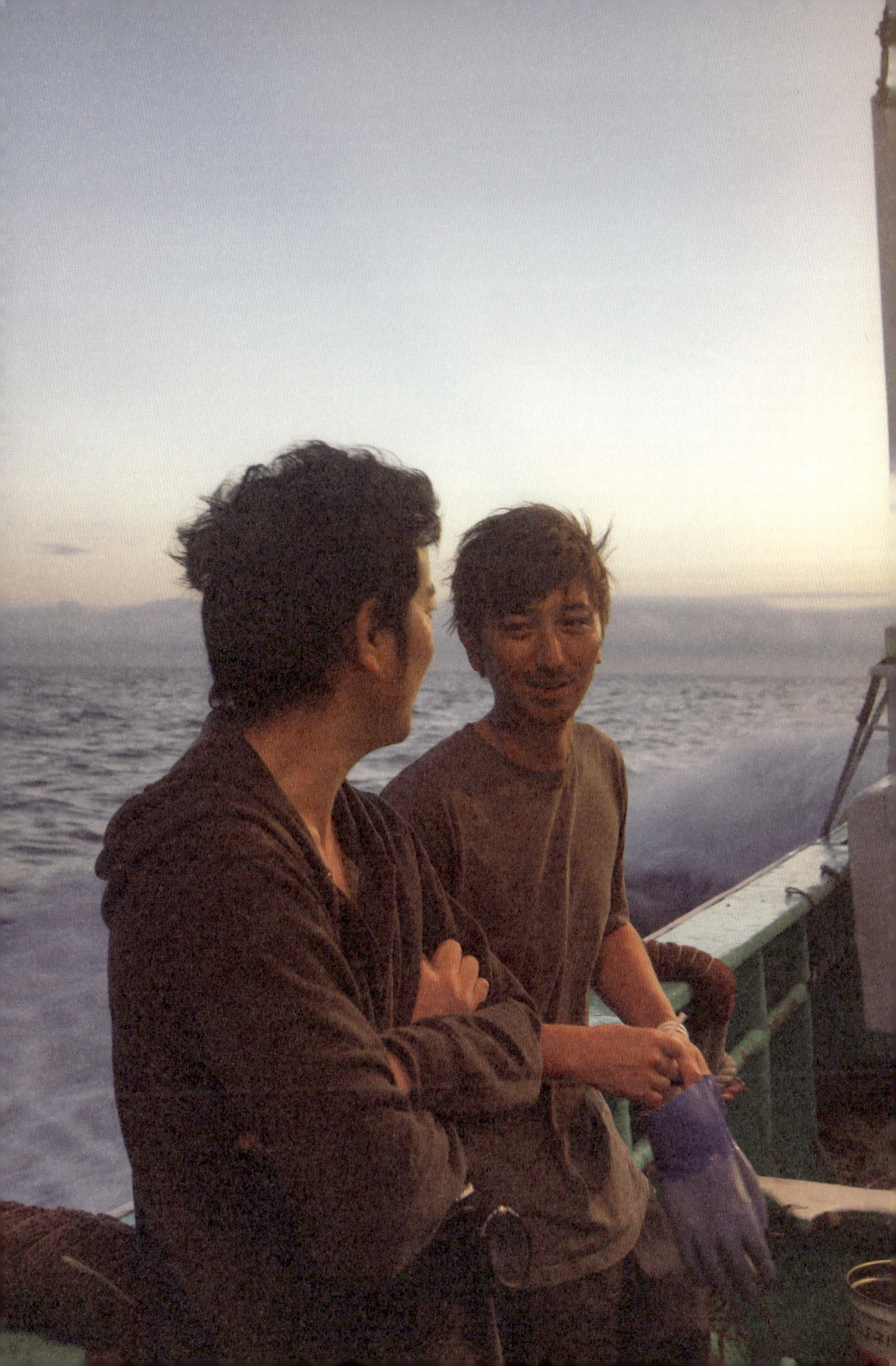

すべては、子供たちのために

　動き始めてから約1年。加工場では地元女性の雇用も開始した。「こんな俺らでも地元のおばちゃんに仕事をつくってあげることができたって、嬉しいんですよね」。まだ小さくても確かに何かが動き出していると、菊地さんはぐっと前を向く。

　今はイベント出店を重ねているが、仕入れが高く小売りには向かないため、ビジネスとしては今後BtoBにシフトしていく予定だ。地元の旅館や飲食店との取引はすでに決まっており、県外の取引先との商談も進めている。ただし急速な規模の拡大は求めず、しっかり一つひとつ、ストーリーと共に届けることにこだわっていきたいという。

　他の漁師たちの反応はどうだろう。「先輩たちからは、なんかアホなことやってんなって言われてますよ」と茶化すように笑うが、菊地さんはそれでいいと思っている。「漁師はタテ社会。親父がつくってきた人間関係のおかげで今の自分がある。何かを改革したい訳じゃない」。それよりも、若い奴らで町を面白くしていく、そうした動きのきっかけになりたいと話す。「この町が面白いから僕は帰ってきた。子供たちにもそう思ってもらいたい。結局はここなんですよね。僕も子供がいなかったら、どうにかしようって思わなかったと思います」。

　イベントの仕事は、楽じゃない。海ではなく人前に出て何百人に挨拶をして、一人ひとりに声をかけ、ありがとうございますと頭を下げて。何百食分の準備も移動も大仕事。稼ぐだけなら他の仕事はいくらでもあった。それでも何かを変えなくてはと立ち上がったのは、親から受け継いできたもの、地域が引き継いできたものを、次の世代につなごうという彼の想いなのだろう。

　4歳になる長女と、震災の日に生まれた次女、妻と母、大学生の時に亡くなった父。菊地さんの物語は、結局は家族の物語なのかもしれない。

Motofumi Kikuchi Interview **Story 11**

くらしまの未来
STORY
12
15 STORIES

木下真理子
Mariko Kinoshita

小さく、確かなところから。悩みの末に見つけた新たな生き方。

Story 12 ｜ふくしまの未来｜ Fukushima Fukushima / Mariko Kinoshita Interview

避難するのか、しないのか。そして、何を食べ、誰とどう生きていくのか。福島の原発事故は、原発周辺地域に限らず、福島県内、そして日本全国の人々に大きな問いを投げかけるものとなった。事故から3年。人々はそれぞれの決断を重ね、いまを生きている。福島市で事故を経験し、悩み、数々の決断の末に新しい人生を歩みはじめた一人の女性のストーリーを紹介したい。

「りんごハウス」おかみ／『板木（ばんぎ）』編集長
木下真理子 (36) 福島県福島市

★福島市

12

2005年にコミュニティ情報誌『dip』を立ち上げ、編集長として7年間福島の魅力を発信し続ける。震災を経て2012年2月に同誌休刊。その後ap bankとのコラボレーションプロジェクト「Meets 福しま」を展開し、福島市内でコミュニティスペース「りんごハウス」の運営を開始する。2013年夏からは福島市発行の季刊誌『板木』の編集長として福島の温故知新を伝えている。1977年生まれ。

りんごの畑の樹の下で

　福島駅から県道を車で西へ15分。フルーツラインにあるりんご畑の中に、県内外から、さまざまな年代の、さまざまな立場の人が集まる一軒の家が建っている。名前は「りんごハウス」。健康づくりや料理、音楽と各種イベントが開催される福島の新たなコミュニティスペースだ。

　どんなイベントであろうと、集まる人たちが「まりっぺに会いにいく」と口を揃えるその人は、おかみの木下真理子さん。雪のちらつく1月のある日、久しぶりに彼女を訪ねた。昼食を用意してくれながら、「私いま、生きてるって感覚がすごくあるんです」と、語り始めてくれた。

自分の足で歩きはじめるまで

　原発事故からの数ヵ月間の不安と混乱、葛藤は今もよく覚えているという。情報が錯綜する中、自主避難をするかしないかを巡り「なぜ逃げないんだ」「地元を捨てたのか」友達だった同士が互いを否定しあうような状況もあった。一体なぜこんなことが起きているのか、どんなに考えても答えは出なかった。移住を決めた人、妻と子供を避難させて一人で店を続ける人、住宅ローンを抱えて動けない人、避難したくでもできないシングルマザー、皆それぞれに迷いを抱えていた。

　事故が起きた時、木下さんはフリーペーパー『dip』の編集長として、福島の素敵な雑貨店や美味しいレストランなどの紹介を続けてちょうど6年というところだった。事故後

も雑誌を止めることなく、福島市内で取材を続けた。木下さんも取材先の店の人も、お互いあえて原発のことには触れず、何事もなかったかのように。「でも、ニュースでは3号機が何℃とか言ってるときに、次号の提案をしていいんだろうか？ このままじゃいけないんじゃないか？ というもう一人の自分がいて、それでも力を振り絞って雑誌づくりを続けていました。積み上げてきたものを失いたくなかったんだと思います」。

　事故から3ヶ月後の『dip』では、思い切って原発のトピックに取り組んだ。そのとき、たくさんの資料を読み、たくさんの勉強会・講演会に参加して分かったのは、「誰も本当のことは分からないんだ」ということだった。今まで信じていたものに裏切られたような感覚だったという。「絶対に国は守ってくれる、国が嘘をつく訳がないと思っていました。その安心感が脆くも崩れ去った時、ふと思いました。国って何なんだって。それまで、自分にものさしがなかった。あまりにいろんなことに無知で、無関心で、頼りすぎていたと痛感しました」。

外に出たら、道が開けていった

　「こんな大事なことが起きているのに、やりすごして自分に嘘をついてちゃいけない。ここで変われなかったら一生変われない、同じ悲しみを繰り返す」。悩みに悩んだ末、8月に『dip』の翌年2月をもっての休刊を決意した。その後まもなくして、積極的に福島からの県外避難者を受け入れていた団体と縁があり、北海道を訪れた。

　北海道では、数多くの人たちに歓迎された。話を聞きに遠くから会いにきてくれた人、避難住宅を見学して「どうだった？ 一緒に相談にいこう」と言ってくれた人。みんな初めて会う人なのに。「その時の私は、いろいろなことに絶望していました。信じていたものに裏切られ、7年もやってきた『dip』を奪われた気持ちで。でも外に出たら、こんなにあったかくしてくれる人がいるのかと驚きました。みんなの優しさに涙が出ました」。真っ暗闇の中、少しずつ心が溶けていった。

　2012年10月、福島で「芋煮会」と呼ばれる集いが始まった。地元のお母さんから、経営者やNPO関係者、芸能人、国会議員まで、県内外から多くの人が集まるその会は、その後福島の復興におけるキーマンが集まるネットワークとなっていく。木下さんはその初回から参加し、そこでも外の人のあたたかさに力をもらったと話す。「こんなに私たちの言うことを聞いてくれる人がいるんだ、って。自分の足で歩んでいこう、自分の言葉で伝えていこうって思いました」。そして2012年4月。木下さんは芋煮会の場で、音楽プロデューサーの小林武史さんと出会う。

一人の声、一人の想い。

　その頃、『dip』が終わり次の道を探していた木下さんは、東京のシェアハウスで暮らし始めていた。東京に来るのは10年以上ぶり。右も左も分からない中、「何か自分にできることが見つかるかもしれない、くらいの気持ちでした」と話すが、そこからすぐに小林武史さん率いるap bankと共にプロジェクトが始まるのだから、すごい展開だ。

　「小林さんに、いまどんなことが福島に必要？と聞かれたんです。私は、福島で出会った一人ひとりと、名前を覚えてつながってほしい。普通の暮らしや悩み、幸せを知ってほしいと答えました」。そんな会話から始まったのが、『Meets福しま』というプロジェクトだった。福島の人同士、福島の人と外の人。人と人が出会う場をつくっていくもの。最初の場は、ap bankの行う音楽フェス『ap bank fes』だった。木下さんはフェス会場内のトークステージにあがり、福島の今を、自分自身を語り伝えた。フェスは静岡、兵庫、宮城の3箇所で行われ、「まるで旅芸人でしたよ」と彼女は笑うが、いきなりの大舞台を堂々とこなすその度胸には驚かされる。

　そして2012年8月。再び福島に戻った彼女は、ap bankの助けを借りながら、自身もリスクを背負う形で、福島市内にその「場」をつくった。それが、「りんごハウス」だ。木下さんはイベントやワークショップをコツコツと積み上げながら、少しずつそこにコミュニティをつくっていった。「子供たちもお母さんたちも、私の母の年代の人も来ます。そうやって3世代、県内に居る人も県外に出た人もここに集まって、一緒にご飯を食べる。同じ釜の飯食べながらいろんな話をする、たまに『あの頃は毎日泣いてたよね』な

Mariko Kinoshita Interview **Story 12**

んて言って笑う、それだけです」。

　皆、それぞれ想いを抱えている。福島にいると「今日の放射線量は○○mSv」という情報が当たり前に入ってきて、子供を外で思い切り遊ばせられないという日常がある。県外に出た人には孤独感や、故郷に帰りたい寂しい気持ちがある。「でも、『それでいいんだよ』っていう場が、りんごハウスです。いろいろあるけど、みんな前に進もうとしている。じゃあ私もこの人たちと一緒に生きていこうって。そう思っています」。

　りんごハウスでは、マッサージワークショップ「ハグモミ」や、玩具のロディを使った親子ヨガ「ロディヨガ」を始め、トークショーや音楽イベントなどを続けている。ロディヨガのプログラムでは、通っていた母親たちの中から新しく4人の先生が誕生したそうだ。「プログラムだけでなく、みんながみんなに会いたくて、ここに来るようになってきています。『支援』ではなくて個々の『関係性』が生まれていっているというか。最初は自分がしていることに何の意味があるのか分かりませんでしたが、少なくとも、今まで支援を受ける側だった4人の人たちに、まわりを元気にする側の先生になってもらえたことが、嬉しいんです」。

『板木(ばんぎ)』が教えてくれたもの

　りんごハウスの活動と平行して、福島市から創刊される『板木』という雑誌の編集長として声がかかり、再び雑誌づくりに携わることになった。福島に伝わる伝統文化を伝え

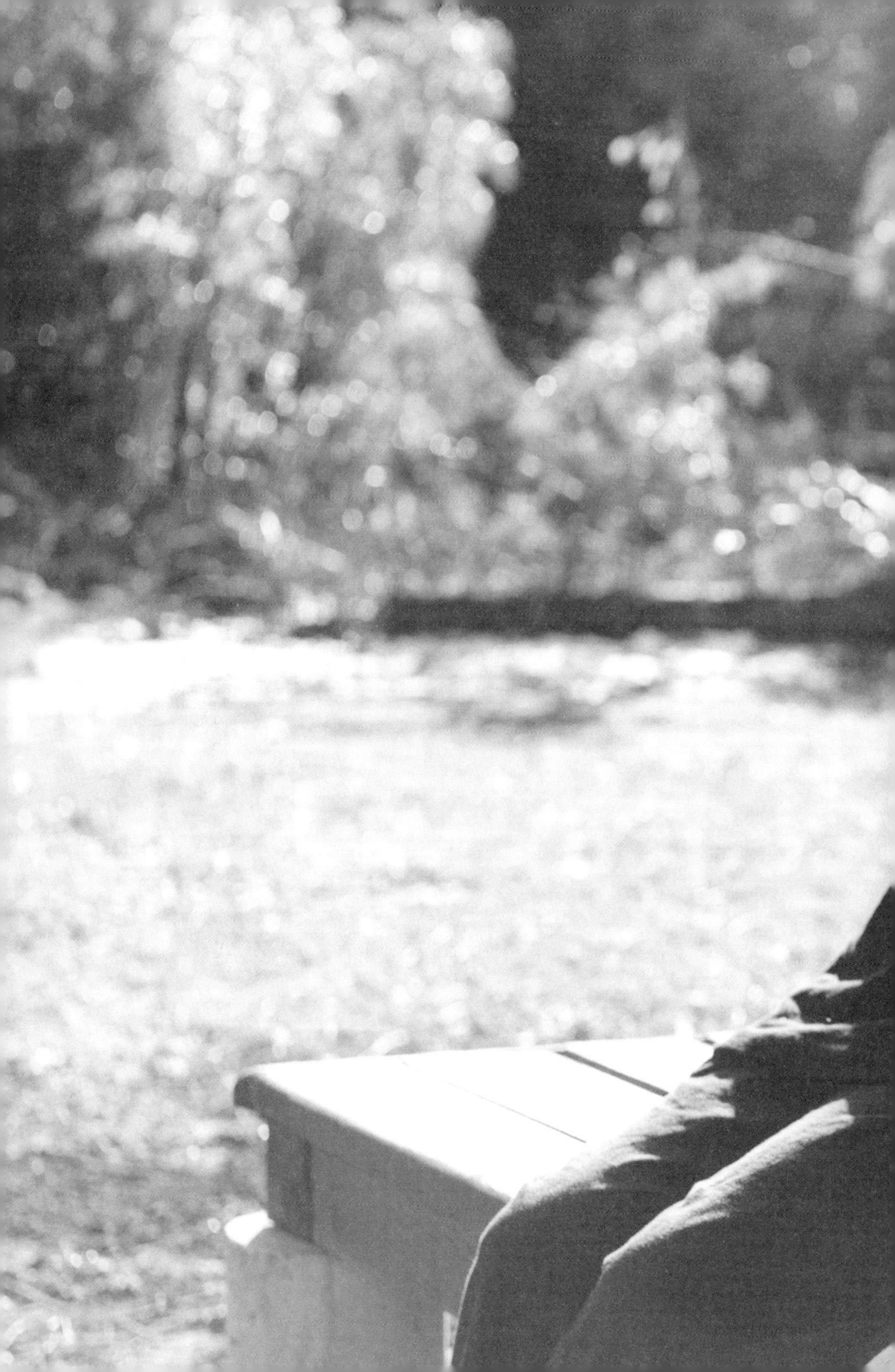

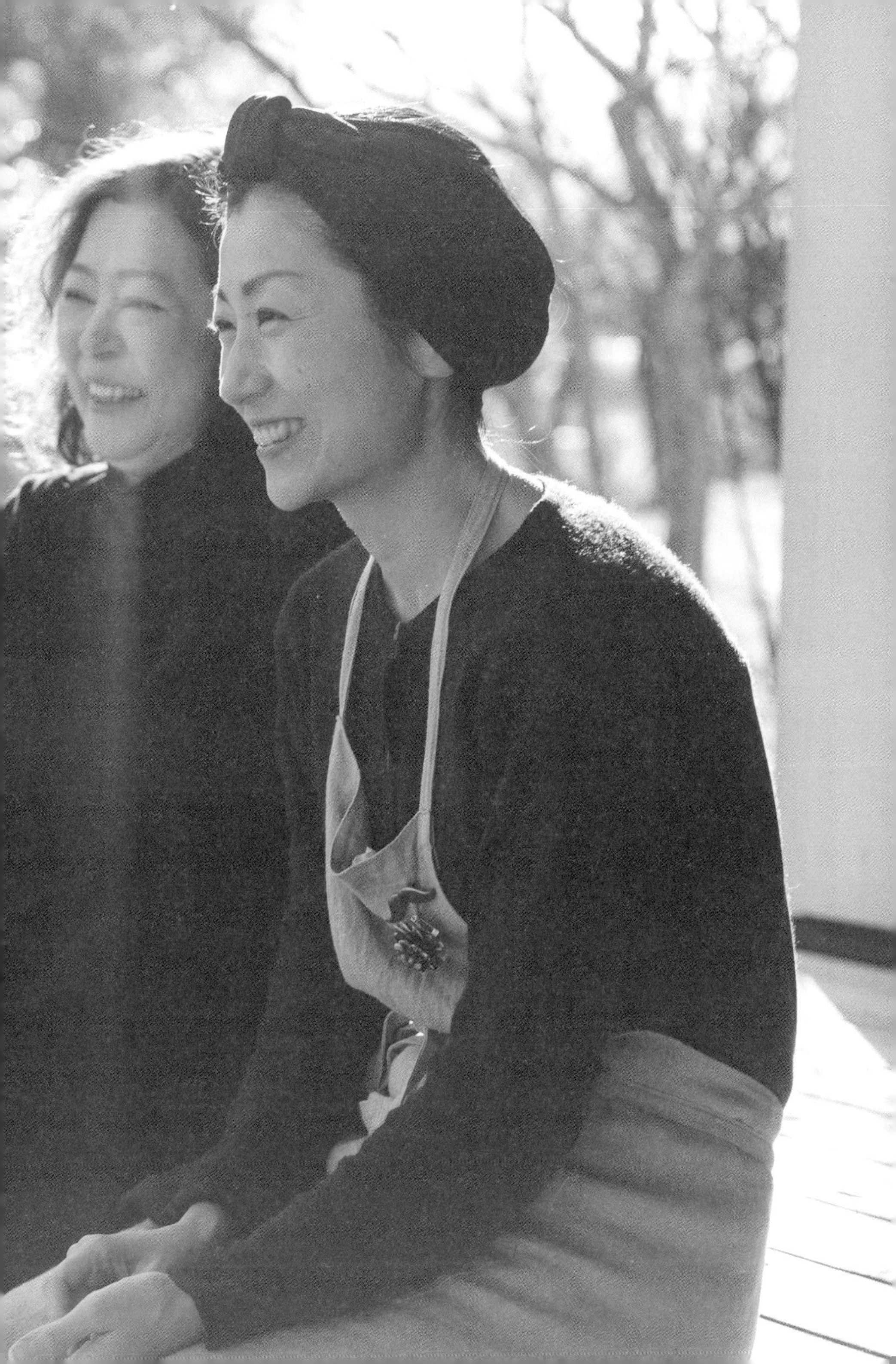

ふくしまの未来

る季刊誌。原発事故から2年と少し、2013年の夏のことだった。

「事故以来、マイナスからゼロにする作業や支援が続いていました。でも『板木』は、ゼロからプラスにしていくものだと思いました。福島に古くから伝わる文化を通じ、自分が置かれている状況や暮らしをより良くするヒントを伝えるもの。福島がどういう場所で、どういう思いが受け継がれているのかを知り、今を未来にどうつないでいくかを考えていくためにものだから」。

『板木』の取材では、神への感謝や敬意を持ち、自然のように人の力の及ばないものと共存していた昔の福島の生活に触れていった。慣れていた便利な現代の生活から、住むところも仕事も食べ物も、すべて問い直させられる経験をした福島からそうした雑誌が出たことは、なんとも象徴的に感じる。「そう。福島は今、大きなターニングポイントにいるのかもしれません。信じていた根底を覆された中で、どういまを生き、どんな未来をつくっていきたいのか、自分で考える事を強制的に迫られました。世界からも注目を集めている中、いま福島は生き方を見直す最先端の場所なんじゃないかと思うんです」。

小さなものを大切にしたい

木下さんは、自身のやってきたことを、こう説明してくれた。「振り返ってみて、裏切られたと思った『国』も『社会』も、ただの概念で実態がないものだと気がつきました。原発問題も復興も、つい国や社会といった大きな枠組みで考えたくなりますが、そういう考えが辛い思いをした原因のひとつだったのかなって。唯一リアルなのは個々の人。人が寄り添い合って、国や社会ができている。だから私は、より小さなものを大切にしようと、一人ひとりに寄り添っていこうと、心に決めたんです」。そんな木下さんのところに人が集まる理由が、よく分かる気がする。

りんごハウスでの話の中で、心に残ったものがある。「ハグモミ（マッサージワークショップ）をしている時、肩を揉まれて泣き出したお母さんがいました。それを見ていた子供は、きっとママは悲しくて泣いてるんじゃないって分かったんですね、その子が、他のお母さんの肩も揉んであげたんです。とってもあったかい空気になりました」。

直接言葉にしなくても、人と人はあたためあうことができる。そんな場所が、福島のりんご畑の中にある。

今日も彼女は、誰かと一緒に笑っているのだろう。

社会の未来
STORY
13
15 STORIES

嶋田賢和
Yoshikazu Shimada

全国最年少の副市長が挑む、地方都市の未来。

Story 13 ｜社会の未来｜ Kamaishi Iwate / Yoshikazu Shimada Interview

震災で**1000人を超える**死者・行方不明者に加え、市全体の6割におよぶ約1400の事業所が浸水するなど、大きな被害を被った**岩手県釜石市**。同市で副市長を務め、復興担当として現場の指揮をとるのは、**財務省のエース部署**と言われる主計局を出て、**若干28歳**（当時）で副市長に就任した嶋田賢和さんだ。**震災前より人口減や高齢化といった課題**に直面していた地方都市は、**どのような復興**を遂げるのだろうか。

岩手県釜石市

13

副市長
嶋田賢和 (30) 岩手県釜石市

一橋大学卒業後、財務省に入省。震災後の2011年6月より、同省主計局から釜石市役所に出向。総務企画部総合政策課、復興推進本部を経て2012年4月に副市長に就任。1983年生まれ。東京都杉並区出身。

努力の末に副市長へ大抜擢

　2012年夏。全国最年少の副市長が釜石市にいると聞き、現地をたずねた。財務官僚で、現在釜石市に出向している嶋田賢和さん。2012年4月の就任以来、他の被災市町村に先駆ける画期的な取り組みを続けている注目の現地リーダーだ。

　震災から3ヶ月後の2011年6月に、釜石市の総合政策課に着任。町の復興計画の策定について、土地利用の土木・建築セクションと、新しいコンセプトでまちづくりを進めるセクションが分断していたところを、自らメッセンジャーとなり両者の連携を進めた。その後10月に復興業務に特化した復興推進本部が新設され、担当課長に。まだがれきも町に残り役所業務にも混乱がある中、町の復旧へ向け毎晩夜中すぎまでがむしゃらに働いた。「その頃は山積する課題への対応や国とのやり取りで精一杯で、『新しいまちづくりを』『東北から日本のモデルを』という余裕はありませんでしたね」と嶋田さんは振り返る。

　そしてそれから約半年後の2012年4月。その働きで信頼を得た嶋田さんは、副市長へと大抜擢される。出向当初から「ビジョンを示す市長と、必死に働く現場。その両者間のつなぎを強化する必要がある」と感じていたと言うが、復興担当副市長となり自らが公にもその役割を担うことになった。

　ちなみにその経歴からは「超エリート」な嶋田さんだが、まったくそう感じさせない不思議な魅力を持っている。外部との会議や講演、役所内などさまざまな場面にお邪魔してきたが、ひょうひょうとした物腰とユーモアで、常に場を和ませる。役所内の彼のデスクの周りの雰囲気も象徴的だ。目の前にはバランスボールに座る職員がいて、嶋田さんと話をする他の職員の方々の表情も柔らかい。こう言っては語弊があるかもしれないが、役所とは思えない自由で明るいムードなのだ。

全国の20年先を行く釜石市

　2011年度に大枠の復興計画が策定され、2012〜2013年度には高台への移転や公営住宅の建設など住宅再建の具体的な計画も進む中、釜石市はまさにこれから新しい町をつくるフェーズに入ってきている。

　嶋田さんは、釜石市での復興の取り組みについて、「未来先取り」という言葉を使って説明してくれた。高齢化率35％という数字は、現在23％である日本全国の高齢化率が約20年後に達すると推定されているもの。つまりは、20年先の未来の日本社会のあり方が、例えば東京近郊の住宅街の未来の姿が、いまの釜石市に見て取れると言う訳だ。

　地域住民が支え合う「コミュニティの強化」や、町の機能の集約化をはかる「コンパクトシティ」、ITを活用してエネルギー消費の最適化する「スマートシティ」など、都市の未来へ向けてのキーワードはよく耳にする。しかし耳障りのよい横文字の目標を立てることと、それを実現することには大きな隔たりがある。その実現へ向け釜石市がどのように取り組んでいるのだろうか。

民間企業の力を活かす

　震災から2年目、3年目となって広がりを見せてきた釜石市の取り組みとして、さまざまな外部の参画者と連携してのまちづくりがあげられる。「単なる支援と受援の関係ではなく、互いのやり取りがあり、温度がある協働プロジェクトがだんだん増えていきました」。嶋田さんはこう説明してくれた。

　たとえばトヨタ自動車株式会社と進めている「オンデマンドバス」の実証実験プロジェクト。これは従来の路線バスではなく、予約制の乗り合いバスのサービスで、前日までに電話予約をするとバス停のない場所でもバスを利用する事ができるもの。2012年10月よりサービスが開始された。高齢化や人口減が進む地方都市における、これからの公共交通のあり方を考える新しいチャレンジだ。

　実証実験を進める中で、市民の足としての公共交通機関、それ単体では採算をあわせるのは難しいことが見えてきた。そこで現在、地域住民と議論しながら、商店街や病院との連携や学校での活用など、幅広い活用方法を検討していると言う。「びっくりしたのは、トヨタの方々がビラ配りまでしながら本気になってくれていることです。交通が地域に提供できる価値って何だろうとか、人々のお出かけを促す方法って何だろうとか、そ

ういう根本から彼らと一緒に議論できることはとてもありがたいです」と嶋田さん。従来は行政の役割でしかなかった公共サービスが、住民や民間企業との協働により新たな形を生み出すかもしれない。

外部者の力を最大限活かすために

　また、経済同友会と連携して、釜石市役所では現在4名の企業社員を受け入れている。「従来の役所業務の枠を超え、市民の為に何が必要なのかを考え、実行して頂いています」と嶋田さん。4人は主にスマートシティ事業の推進、および地域内の経営者向け人材育成施策「釜石人材育成道場・未来創造塾」などを行っている。「未来創造塾」は半年に渡って実践的な経営リーダー教育プログラムを提供するもので、参加した経営者たちの変化が著しいと言う。「財務やマーケティングなどのスキルもそうですが、経営者としての志や考え方の部分で大きな学びがあると伺っています。彼らの自己紹介1つとっても、変化は明確です」と嶋田さんは感謝する。

　民間企業との取り組みを進めるにあたって、嶋田さんは自らの役割を「釜石のためにとにかく好き放題やってもらうための環境づくり」だと話す。これまで役所における外部人材の活用は、働き方のお作法の違いや縦割り組織、前例主義といった、行政批判の定番のような要因もありハードルが高いとされてきた。嶋田さんは、外部の人々が新しいチャレンジができるよう、関係者間の調整を徹底したと言う。

Yoshikazu Shimada Interview **Story 13**

半ソト、半ウチのコーディネーターが町を変える

　釜石市の進める外部との連携は、民間企業とのものに限らない。「釜援隊」と呼ばれるソトモノ集団がそれだ。

　釜援隊（正式名称：釜石リージョナルコーディネーター）は行政、住民、企業、NPOなど町を構成するさまざまな分野の関係者の間をつなぐための調整役。役所による住民説明会だけでは伝わり切らない情報を噛み砕いて住民に伝えるとともに、住民の声を整理して役所に届けたり（役場—住民の橋渡し）、まちづくりに取り組む自治会やNPOの連携会議を主催したり（住民—住民間の橋渡し）、支援策を持つ外部企業と調整し地元NPOが受け入れられる提案に修正する（企業—NPOの橋渡し）など、実施業務は配属先の状況によって自由に設計する。

　釜援隊の特徴は、市が採用や業務マネジメントを行いながらも、身分は市職員ではなく個人事業主として、まちづくりに関わる市内の団体へ派遣される形をとっていること。そして構成員のほとんどが釜石市外の人間であることだ。半官半民、そしてソトモノでありながら、少なくとも数年は市内に住む住民として、役所のお作法や地域のしがらみに過度に左右されない丁度良い立場でまちづくりを推進しているのだ。

　コミュニティ形成の取り組みは、成果を数字で測ることが難しい。また釜援隊のような外部者の活用は前例も無く、市での予算化にはハードルもあっただろう。しかしい

ま、確実に町は変わり始めていると言う。「以前はバラバラだった自治会やNPO、各種団体などが横でつながり始め、そこから新しい動きが生まれています」。各地域では自主的な寄り合いやイベントが開催されるようになり、震災で休止した祭りが再開され、商店街の再生へ向けたまちづくり会社も設立された。釜援隊のような新たな存在によって、役所だけではできなかった柔軟な発想で、地域が少しずつ動き出している。

「隠れキリシタン」をエンパワー

　民間企業の社員や釜援隊のような外部人材に対して活躍の場を提供している釜石市だが、何よりも「活かされている」のは、元からいた役所職員たちかもしれない。嶋田さんは、面白い表現で話をしてくれた。「着任後しばらくすると、"隠れキリシタン"たちのさまざまな怪しい集まりに誘われるようになったんです」。

　彼の言う隠れキリシタンとは、役所内にいる、やる気はありながらも組織の中で力を発揮し切れていなかった人たちのことを指す。嶋田さんは釜石市に来てから程なく彼らの存在に気がついたと言う。「役所内には志が高く優秀な職員の人たちがたくさんいます。ただし、前例のないことをすることは行政マンにとってリスクであり、なかなか一歩を踏み出せないでいたのです」。

　嶋田さんは副市長として責任を取ると言いながら、どんどん新しい仕事を任せて、やる気のある職員たちの力を引き出していった。前述の新しい施策の数々は、こうして活躍の場を得た現場職員の努力の賜物だ。「最初はそのつど相談が来ていましたが、今では私の知らないところでどんどん町を元気にする企画が生まれています。ちょっと寂しいくらいですね」と笑った。

復興現場から、都市と地方の流れを変える

　若い副市長をはじめとした現場の奮闘で、釜石には新しい希望の芽が生まれ始めている。その1つ、外部の人材や知恵の活用という意味では、たとえば釜援隊は人員募集に80名の応募があるなど注目も高い。今後は、こうした動きが一過性のものに留まらず、持続的で普遍的なものできるかが問われてくる。

　いま釜石が持つ価値として明確なものは、自分が主体となって関われるプロジェクトの機会が多くあることだろう。これを復興の文脈に限らずに、地域の持つ食や歴史、文化などさまざまな資源を起点としたプロジェクトに広げていけるかが焦点だ。

Yoshikazu Shimada Interview **Story 13**

　そのためには、外部のチャレンジしたい人たちが地域に主体的に関わるための「場」が必要になる。都市と比較して役所の存在が大きい地方においては、釜石市が行っているように、役所がその場作りの機能を担っていく効果が大きい。「都市で企業に勤めるのと同じように、地方で何かのプロジェクトに関わることが若い人のキャリアの選択肢となれば」と嶋田さんは期待を込める。

　場作りの必要性は外部との関わりだけではない。嶋田さんは「"隠れキリシタン"こそ地方都市の希望」と言うが、なるほど、どこの地域にも志とやる気がありながら力を発揮できていない人がいる。外部人材の活用とともに、そうした地域の人材が活躍できるための場作りは地方都市再生のキーであり、それはすなわち、嶋田さんが副市長として進めてきたことなのだろう。

　嶋田さんはこんなことも言っていた。「復興に当事者として取り組んでいる人たちが、復興を成し遂げた後、何年か後に日本中で大活躍しているようになると嬉しいですね」。いま復興現場には日本各地から多くの人材が集結し、また現地では新たに立ち上がる人たちが生まれている。都市と地方の関係性や人の流れを変えるような、新しい日本の形がここから生まれているような、そんな息吹を感じている。

社会の未来
STORY
14
15 STORIES

生川慎二
Shinji Narukawa

復興支援、社会貢献を超え社会創造へ。「社内社会起業家」がつなぐ企業と社会

Story 14 | 社会の未来 | Tokyo / Shinji Narukawa Interview

ソーシャルイントラプレナーという言葉がある。企業の中にいながら、起業家精神を発揮して社会課題解決へ向けたビジネスを立ち上げる人で「社内社会起業家」とも呼ばれる。

大災害があらわにした**超高齢社会**という難題。その解決へ向け、宮城県の沿岸地域で獅子奮迅の活躍をしたソーシャルイントラプレナーが、生川慎二さんだ。**社会性と事業性を両立**してプロジェクトを進める彼のビジョンと行動の先に、社会的存在としての**民間企業の可能性**が見えてくる。

富士通株式会社 ソーシャルクラウドビジネス統括部
生川慎二 (44) 東京都

14

富士通株式会社にて、コンサルタント、システムエンジニアとして企業の業務改善に取り組む。2011年1月より超高齢社会の課題解決を図る一般社団法人「高齢先進国モデル構想会議」に立ち上げから参画。震災発生直後からは、富士通の震災支援特別チームを企画し、現場リーダーとして災害支援に取り組む。後に宮城県石巻市で石巻医療圏健康・生活復興協議会の運営にも携わる。

社会の未来

企業による1000億円を超える復興支援

　今回の震災では、数多くの民間企業が復興支援活動を行ってきた。予算規模だけ見ても、100億円を超える予算を拠出した企業も複数ある。民間企業から復興に充てられた支援金は1000億円を超え*、各地で復興の大きな推進力となっている。
※P16　1章Q6参照

　一方、時間の経過とともに変化して行く現場の状況に、柔軟に対応した支援を行うことは簡単なことではない。被災者の住環境も避難所から仮設住宅、そして公営復興住宅などの恒常的な住まいへと移行しつつある。支援ニーズも、初期の物資支援や炊き出し、泥かきといったものから、生きがいや仕事づくり、事業支援やまちづくり支援などへと変化・多様化が続く。より継続的な取り組みが求められていく中、復興支援の継続と事業の両立に頭を悩ます企業も多い。

　支援活動を行ってきた多くの企業の中から、ここでは富士通株式会社の活動に注目したい。復興のフェーズの変化にあわせ、災害からの復興支援から、超高齢社会における社会基盤の構築へと、活動内容を進化させてきた同社。現場責任者としてその活動を牽引してきた生川慎二さんは、どのようにその変化を実現してきたのだろうか。

将来の日本の姿を垣間みた原体験

「言葉で知っていただけの社会課題が、目の前にありました。そしてこれは、10〜20年先の日本の姿と直感したのです」。

高齢世帯率64%を超える在宅被災世帯の状況や、孤立化する高齢者の生活環境、不足する医療・介護サービス……。震災の1週間後には現地に入って支援活動を始めた生川さんにとって、避難所や被災現場をまわる中で見た光景が、原体験の1つとなった。緊急時には理屈の前に行動あるのみ、と現場にかけつけた生川さんだが、活動を継続する中で「未来を垣間みたこの東北の地から、超高齢社会の抱える課題を解決する社会システムをつくりたい」という想いを強くしたと言う。

2011年3月15日の災害支援特別チーム発足以降、生川さんおよび富士通のメンバーは、現地でさまざまな支援を展開する。何百もの避難所のアセスメント調査を行っていた「つなプロ」に始まり、ボランティア医師の派遣プロジェクト、被災自治体の健康アセスメント、医師―看護師―社会福祉士などが連携して高齢者をサポートする「石巻医療圏健康・生活復興協議会」など、多くの現場に同社のクラウドシステム（インターネットを介して提供される業務アプリケーション）を提供した。

クラウドシステムの提供という支援は、いかにもICTサービスを本業とする富士通らしいと言えるが、生川さんは、「現場で必要とされることは、ICTに限らず、どうしたら実現できるかを現場で一緒に考えながら行動をしました」と話す。石巻市に拠点を置いて、不足する物資の調達、企業からの人材・寄付集め、散在する情報のデータ化、時には水質調査や土地探し、NPOの企画書作成代行など、できることは何でもやってきた。現場では、現地と深く関係をつくりながら真のニーズを引き出し、それを即時に形にする力が求められていた。「NPOの人から多くを学びました。NPOの持つ突破力と、企業の持つ交渉力や継続性がいい形で重なったと思います」。

社内外から数億円相当の寄付や物資を集め、生川さんら災害支援特別チームの活動は2012年3月までの1年間継続した。そしてこの間に築いた現地との信頼関係やノウハウが、その後の事業化につながっていく。

復興支援から新サービス開発へ

　2012年4月。災害支援チームを吸収する形で、富士通は社会課題の解決に挑戦しながら事業化を目指す専門組織を発足させる。社会課題を抱える現場に入り、現地で取り組む先駆者と共に解決モデルをつくりながら、事業との両立を目指す「ソーシャルイノベーション」に特化した事業組織である。

　高齢化が進行する中、病床数の不足や社会保障費の不足などへの解決策として、国は「病院完結型の医療から、在宅医療・介護へのシフト」を方針として打ち出している。在宅医療の現場では、医師・看護師・薬剤師・ケアマネジャー・訪問介護士など専門職によるチームケアが必要となる。多くの専門職が1人の患者・家族と関わる中で、それぞれが得た情報をタイムリーに共有することが不可欠となってくる。生川さんは週の約半分を石巻市や女川町で過ごしながら、崩壊した石巻市の地域医療を支えるために在宅療診療所を開設した「祐ホームクリニック石巻」の医師武藤真祐（しんすけ）氏の志に共感し、その活動を支援する。震災により必要な医療が十分受けられない高齢者に向けて、祐ホームクリニックが在宅医療の提供体制を構築するとともに、富士通や地域の医療・介護事業者が一緒になることで、ICTを活用した先進的な情報連携とチームによるケア体制を確立した。

　2013年1月、現地でのノウハウは、在宅医療・介護向けクラウドサービス「高齢者ケアクラウド」という新サービスとして形になる。1年間の復興支援期間に培った現地での課題解決と信頼関係が強みとなり、部署設立から1年足らずでのサービスリリースに結びついた。

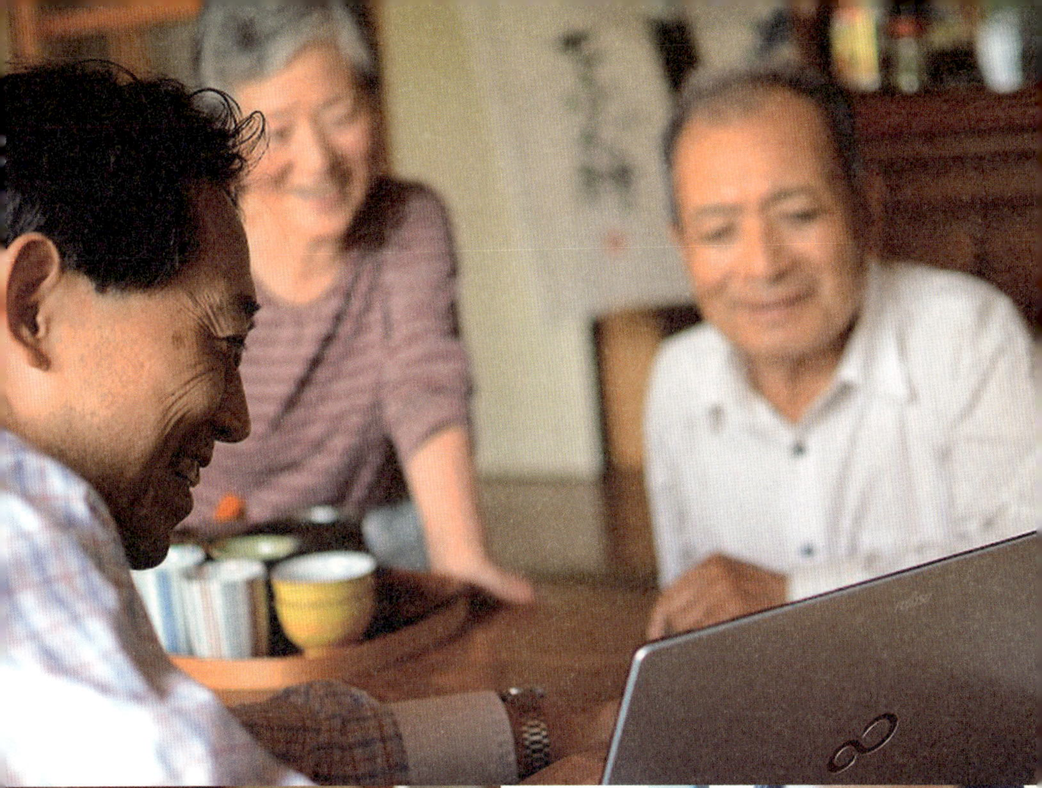
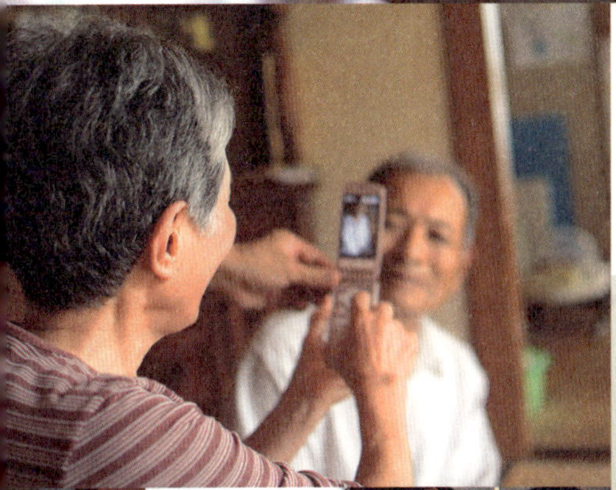
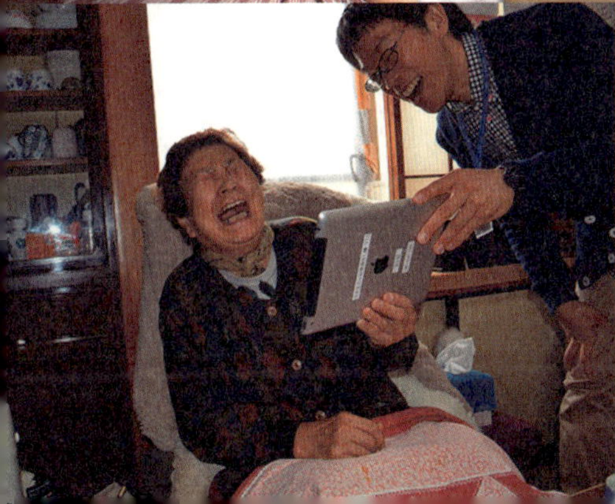
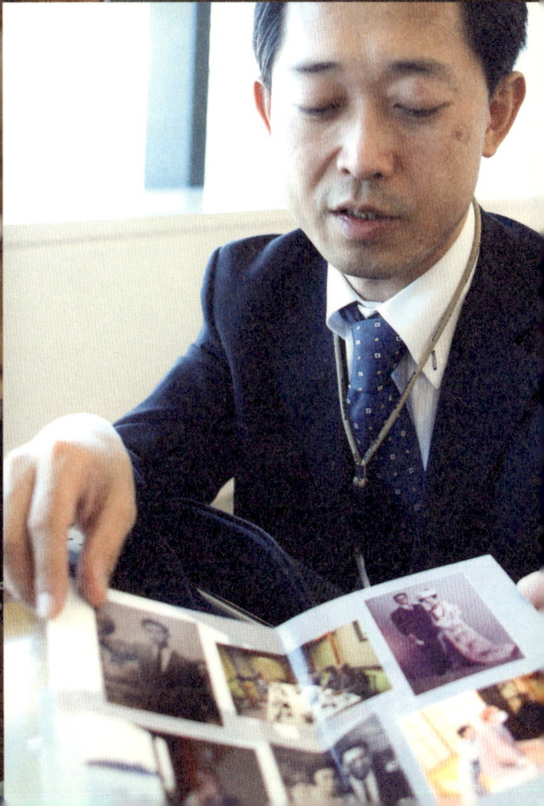

離れて暮らす家族をつなぐ、親孝行モデル

被災地の現実は、都市部でも起こりうる。今後、日本では高齢者が増加する一方で、それを支える行政リソースが減少傾向にあり、高齢者の孤立が予測される。「高齢者一人ひとりが、社会と繋がっていられるような解決策はないだろうか？」そう考えた生川さんはいま、「高齢者を家族が支えるネットワークづくり」への取り組みを始めている。その名も、「親孝行モデル」。

「高齢者を社会保障費でささえ続けることには限界があります。親の寿命が延び、子どもでいられる期間が長くなった今、高齢者を社会とつなげるのは、息子や娘、孫たちがその鍵を握っていることに気づいたのです。一方、家族の絆の強さは何度も目の当たりにしてきましたが、高齢者は離れて暮らす子供に心配をかけないようにと連絡を控え、子供も忙しくて、充分にコミュニケーションがされていない現状もありました。そこをつなぐ仕組みをつくりたいと考えました」。

現在、全国約1900万の高齢世帯のうち、5割以上が子供と離れて暮らしている*。そのうち2時間以上離れて暮らす親子は4-5割いると見られており、5-600万世帯。仕事に忙しくしながら仕事と介護との両立への不安を持っている現役世代の子供たちに、こうした仕組みを届けたいと考えている。

生川さんらが進めている親孝行モデルは、「コミュニケーター」よばれる現地スタッフをハブとして、高齢者と、離れて暮らす家族をつなぐ仕組みだ。コミュニケーターは定期的に高齢者宅を訪問。日々の健康や生活の様子をうかがい、その情報はクラウドを通じて離れて暮らす家族に届けられる。クラウドを通じるだけでなく、たとえば訪問時にコミュニケーターが手助けをする形で、その場で家族とテレビ電話をするようなこともできる。人を介することで、高齢者にとっても便利なコミュニケーションツールの利用につながる。「高齢者とは対面式、子どもとはICTを活用して、お互いの様子をビジュアルに伝えあいします。離れて暮らす親子・孫にとって、日頃の様子を知ることで親子間のコミュニケーションが活性化すると期待しています」。

*平成25年度高齢社会白書より。1人暮らし24.2%、夫婦のみ30.0%。

民間発のモデルで国とも連携

親子をつなぐ意味は、それだけではない。生川さんはその理由をこう説明する。「豊

かな生活には、医療や介護だけでなく、健康や運動、社会参画や生きがいなどの要素が重要です。それらの機会を提供する民間サービスはたくさんあるのですが、多くの場合高齢者だけでは判断できずに活用されていません。家族と一緒であれば、そうしたサービスの活用も進むと考えました」。

自身の経験からも、生川さんはこのプロジェクトに強い想いを持っている。「人生の価値は生きた長さではなく、いかに自分らしく生きられるかだと、先日亡くなった父から学びました」。お父様の余命宣告から3ヶ月間、生川さんは自身の子供の成長を日々伝え、仕事の合間をぬって家族旅行にも行き、質の高い時間を共に過ごした。本当に充実な最期の時を過ごし、看取りができたのだという。親子にコミュニケーションの接点を生みだすことで、例えば旅行をプレゼントしよう、地域のイベントに一緒に行こう、ヒストリーブックを作成しよう、といった新たなサービス利用の機会につながっていく。出てきたニーズを、健康や生きがいに関するサービスにつなげることで、新たなマーケットが生みだされていくのだ。

2013年夏から石巻市在住の高齢者と離れて暮らす子ども約100名を対象として、このモデルの実証が始まっている。富士通のほか、在宅医療を提供する前述の祐ホームクリニック石巻や介護旅行サービス事業者など十数社も参加。総務省からの支援を受けながら行われている。増え続ける高齢者を誰が支えるのか。社会保障費が高騰する中で、官民が連携してその答えを探っている。

個社では書けない事業計画が社会を変える

直後の緊急支援から、在宅医療向けシステムの開発、そして高齢者を支える社会基盤の整備へ。富士通がその活動の幅を広げてきた裏には、日々新しい企画書を持って奔走していた生川さんの活動がある。「企業に所属して活動する以上、当然ですが事業採算性を求められます。しかし、社会課題解決には時間がかかります。活動継続のためには、より大きく構想を考えて、組織や業種の枠を超えた共同事業化が必要です」。そこで、パートナーとなりうる社内外の部署や、企業・団体を訪問し、時には他人の事業企画まで書いて提案してまわっているという。

「社会課題というものは、何十年もの積み重なりでできたものです。通常、企業が事業を行う場合は数年での投資回収が求められるので、なかなか個々の企業の事業と社会課題の解決が結びつくことはありませんでした。だから、複数の企業や団体が協力し、分野を横断した事業として設計する必要があります。そうして初めて、社会的価値と経済的価値の両立が図られるのです」。現在進めている「親孝行モデル」も、民の持つリソース、技術、拠点などの他企業との連携があってこそ成り立つもの。新たな高齢者マーケットを開拓する意味でも、業界・業態横断の事業モデルという意味でも、新たな可能性を秘めている。

社内起業家が生み出すイノベーション

生川さんは、よく「実践知」という言葉を使う。実践を通じてのみ気づくことができる本質的なことが、現場に沢山あったと言う。また現在進めている「親孝行モデル」で高齢者宅を訪問する「コミュニケーター」についても、今まで現場実践で得たノウハウがあるからこそできると断言する。「高齢者と信頼関係を構築しながら、息子でも知らない日頃の様子をうかがう。その実践知をサービスの設計やコミュニケーターの採用、教育に反映させています」。

こうした現場の実践知抜きに社会課題解決は難しいし、実践知が持つリアルな迫力に協力者や資金がついてくると、生川さんは力説する。自らが現場に張り付き実践を重ねて初めて見えてくることがあり、そこから課題解決と事業性の両立を考えていけるというのだ。

いま生川さんは、同志となるようなソーシャルイントラプレナー（社内起業家）を探しているという。自身と同じように、原体験を持ち、内部から組織を巻き込んでいけるような人。現場に根ざした実践知を持って、同じビジョンへ向けて連携できるような人を。

企業の持つリソースを使って、社会をよくしたいと願う人々は、恐らくどの企業にもいるだろう。彼らはソーシャルイントラプレナー、またはその原石だ。彼らのような存在をいかに活かす事ができるのかが、企業による社会課題解決を実現するための、そして新たな企業の競争力を生み出すための、鍵を握っているのだろう。

Shinji Narukawa Interview **Story 14**

藤沢烈

Retsu Fujisawa

社会の未来
STORY
15
15 STORIES

「社会を変える」を実践しゆく復興業界の頭脳

Story 15 ｜社会の未来｜ Tokyo / Retsu Fujisawa Interview

復興現場において「**行列ができる相談所**」があるとしたら、彼のことだろう。震災直後より**内閣官房**や**復興庁**の非常勤を勤めたのち、自らの団体を立ち上げ、コミュニティ形成や産業復興、福島の復興など**横断的な分野**で活躍。国や自治体、企業、NPOといった**各セクターを超えた連携**をうながす「**コーディネーター**」として活動する彼のもとに相談やプロジェクトの打診は後を絶たない。国の政策立案にも関与し、**現場で着実に結果を出し続ける**彼の哲学に迫る。

一般社団法人RCF復興支援チーム代表理事
藤沢烈 (38) 東京都

15

1975年京都府生まれ。一橋大学卒業後、マッキンゼー・アンド・カンパニーを経て独立。NPO・社会事業等に特化したコンサルティング会社を経営。東日本大震災後、RCF復興支援チームを設立し、情報分析や事業創造に取り組む。文部科学省教育復興支援員も兼務。共著に「ニッポンのジレンマ ぼくらの日本改造論」(朝日新聞出版)、『「統治」を創造する 新しい公共/オープンガバメント/リーク社会』(春秋社)。

復興を進めるプロのコーディネーター集団

「社会を変える。」昨今よく耳にするちょっとした流行り言葉だが、なんともぼんやりしていてつかみ所が無かった。しかし、社会に影響を及ぼすようなプロジェクトを、着実に、淡々と実行し続ける彼の活動により、その言葉は具体的でイメージの湧くものになっていった。

　震災後にRCF復興支援チームを立ち上げた藤沢烈さん。以来、数多くの復興支援プロジェクトを推進してきた。震災直後のいわゆる緊急支援期は、避難所における食事や健康状態や、教育環境の調査など、主にリサーチと企画立案を行った。その後、復興フェーズに入ると活動の範囲を広げ、岩手県における仮設住宅支援事業（生活再建）、岩手県釜石市および福島県双葉町におけるコミュニティ支援（まちづくり）、三陸沿岸地域における水産加工業支援（産業振興）などのさまざまな分野のプロジェクトを、自らが主体となって実施していく。

「転機は『コーディネーター』という言葉が見えた時でした」と藤沢さんは振り返る。復興現場では、現地の役場や住民に加え、内外の企業やNPOなどの活動団体、財団や大学など、幅広い関係者が活動している。しかし、それぞれの関心分野や目標が異なる中で復興に携わっていたため、さまざまなすれ違いが生まれていた。ただ考えてみればそれは仕方のないことで、だからこそ「コーディネーター」という調整役の意義に気づいたのだと言う。この調整役＝コーディネーターを組織化することで復興を前に進めたいというのが藤沢さんの考えだ。

Retsu Fujisawa Interview **Story 15**

足で稼いだ100のマッチング

　例をあげよう。2013年5月に開始した「イノベーション東北」というプロジェクトがある。これは、東北で立ち上がり何かに取り組み始めた人と、それを支える知見やアイディアを持った外部の人を、インターネット上でつなげるプラットフォーム事業のことだ。

　例えば被災した旅館が事業を再開し、ウェブサイトをリニューアルして情報発信の強化を目指しているとする。この情報が「復興チャレンジ」として「イノベーション東北」のサイト上に掲載され、サイトを見たデザインやウェブ制作の得意な個人や企業が「サポーター」としての支援を申し出るという仕組みだ。ウェブサイト制作に限らず、「クレジットカード決済システムを導入したい」、「レシピ開発を手伝って欲しい」、「業務効率を上げるアプリを開発したい」など、復興チャレンジは多岐に渡り、約半年で100を超える支援のマッチングが達成されている。このプロジェクトの中心で企画立案や現地関係者とのコーディネートを行っているのが藤沢さん達のRCFだ。

　ただしこうしたマッチングもウェブサイトを作って告知するだけではなかなか成功しない。現地で立ち上がる人たちを丹念に発掘し、やりたい事やニーズを汲み取り、適切な形に落としこむ。それをウェブに掲載すると同時に、サポーターにも直接会って支援の1歩を踏み出してもらえるようサポートをする。RCFのコーディネーターチームが東京と東北の行き来を続け、努力の末に実現した100件のマッチングなのだ。

　「現地につなぐだけ、企画やコンセプトを書くだけではうまくいきません。実行までや

震災後に、RCF復興支援〔…〕
〔…〕査官。共著に『「統治」を創造〔…〕
〔…〕ぼくらの日本改造論』。

@re〔…〕
藤〔…〕
藤沢烈

〔…〕支援チーム
〔…〕による復興支援を進めるた〔…〕
〔…〕」集団として活動。ビジネス〔…〕
〔…〕ーディネイターが所属。

る』「ニッポン

（フィード購読）
LOG
の「復興コー
経験者ばかり30

りきる必要があるんです」と藤沢さん。外資系コンサルティングファームのマッキンゼー出身ということで、「頭の良い戦略家」といったイメージを抱きがちだが、ロジカルな面に加えてこうした泥臭い現場感を持っているところが、彼のすごいところだ。

双葉町での行政連携プロジェクト

　民間企業とだけでなく、行政と深く連携して進めているプロジェクトもある。場所は福島県双葉町。全町民が町外への避難を余儀なくされている同町では、長引く避難生活に加え、事故処理や除染、賠償など複雑に問題が絡み合っている。こうした中で、行政はどのような存在で、何をすべきか。そうした根本のところを、役場と共に考えるところからプロジェクトはスタートしたという。

　実施しているのは、コミュニティ支援のプロジェクトだ。双葉町は、RCFを窓口として町外から新規に復興支援員を採用。全国およそ40都道府県に分散して避難している町民と、町役場をつなぐための新たな広報メディアの立ち上げや、避難先における双葉町民の自治組織の拡充とその運営支援などを計画している。RCFは一民間団体でありながら、町役場事業の企画を行っているから画期的だ。

「どのような支援がベストなのか、答えが見えている訳ではありません。でも、ふるさとを想い復興を遂げようとしている人がいる限り、応援したいんです」と藤沢さん。福島の問題は複雑だ。「地域によっては、もう復興は難しいと諦めた方が良いのでは？」など外から評論することは容易だが、悩みながらも現地に足を運び、正面から取り組む彼のスタンスには、強く心を打たれた。

復興庁プロジェクトWORK FOR 東北

東北では、生活再建やまちづくり、産業復興などの幅広いテーマで復興の取り組みが進められている。こうした中、テーマを横断する共通課題として、現地のマンパワー不足があげられる。例えば被災した自治体においては、震災前と比較して予算額が10倍以上になったところもある。国は全国の自治体からの応援職員を派遣するなどで対応しているが、業務量の増加に比べて職員数は足りていない状況だ。また復興という、新しく地域をつくる取り組みにおいては、専門的知識や独創的な発想が求められる。単純な人数の不足に加え、そうした専門性を持った人材が今後ますます必要になってくる。

　この課題解決へ向けて、復興庁は人材マッチングを行う専任チームを組成した。東北における人材ニーズを発掘する一方、外部から東北での就業を望む人材を募集。さらに民間企業に働きかけて社員派遣も促している。各現場を支える人材のプラットフォームを構築する「攻め」の事業展開だ。

　藤沢さんはこの事業が実現する1年前から、東北の外から中への人の流れをつくるための事業構想を練っていた。2012年末の政権交代を経て、安倍政権は「新しい東北」の創造、という政策コンセプト打ち出した。政策の意思決定の場である復興推進委員会では、被災地自治体での人材不足の課題が論点としてだされ、当時抱いていた藤沢さんの事業構想を伝えていく格好の機会となった。結果的に藤沢さんはじめ復興庁内外の関係者との議論の末、2013年10月より「復興人材プラットフォーム構築事業—WORK FOR 東北」として事業化が進んでいくこととなる。

　現在「WORK FOR 東北」ウェブサイトには現地の自治体や民間団体からの人材ニーズが並んでいる。その中の多くが、地域の中や地域内外をつなぐような役割を期待する

もの。まさに藤沢さんが現場で続けてきたコーディネーターという価値が、広がろうとしているのだ。

コンサルタントではなくコーディネーターが社会を変える

　このように、藤沢さん率いるRCFはコーディネーターという切り口でさまざまなプロジェクトを実現してきた。そこで僕は、元コンサルタントの藤沢さんに素朴な疑問を投げてみた。コンサルタントと、コーディネーターの違いは何なのでしょう？

「仕事の中味が違います。ビジネスに特化し、お金という経済的な軸で計れる結果を追求するのがコンサルタントだとすれば、多様な価値軸を前提としてより望ましい社会の実現に向けて関係者を調整するのがコーディネーターです」。なるほど、お金では解決できない、分かり易い正解もない、複雑な価値軸が存在するのが社会。その中で課題解決を行うには、1人や1組織だけの取り組みでは足りない。さまざまな関係者を巻き込み、時に相反する関係者間の利害や関心を調整＝コーディネートすることが価値を発揮するという訳だ。

　RCFはこれまでに、コーディネーターが行うべき役割の「モデル」を複数の分野で構築してきた。これを広く横展開していくことがこれからのビジョンだという。藤沢さん1人で始めたRCFも、この3年で20名を超えるコーディネーターが活躍するまでになった。また、岩手県釜石で進められている釜援隊プロジェクト（P135参照）も、RCFが行ったプロジェクトの横展開をしたものであり、自身の組織の外にもその動きは始まっている。

「目標は、2016年までに100人のコーディネーターを東北に、そして2020年までに1000人を日本全国に生み出すことです」と藤沢さん。コーディネーターという言葉は、今までには明確に職業として定義されていなかったものだろう。しかし10年後には「社会課題の解決に取り組む仕事」として広く認知されているかもしれない。復興現場で生まれ、育っているモデルが、日本全国に広がっていく、そんな想像をしたらワクワクした。

フロンティアはそこにある

　以前彼には、「社会を変えるにはどうすればよいのですか？」と野暮な質問をしたこと

がある。返ってきたのは「社会を変えることを目的にしないということでしょうか」と禅問答のような答えだった。確かに彼のスタンスは一貫している。社会を変えるとか正義とかを強く語ることなく、世の中にいま必要とされていることを、超多忙を極めながらも淡々と続けている。そして「結果的に」社会が変わってきているということなのだろう。

「我々は、社会という海に生きる漁師のようなものだと思っています。漁師は魚を取る事に集中していて、結果として食卓に笑顔が生まれているように思うのです。私たちも復興支援に集中していて、社会が変わるとすればそれは結果論です。社会を変えることを目的として復興を手段とすると、復興がなかなか進まないときに脱原発や反TPPといった話題になっている別の社会問題に走ってしまうかもしれない。自分たちは復興そのものを目的として動いていて、その結果、社会が変わるなら嬉しいと思っているに過ぎないのです」。

　2013年の年末から、藤沢さんはRCFにおける復興支援の取り組みと平行して、フィリピンにおける台風ハイエンからの復興支援を開始している。彼の見るフロンティアは、これからも広がっていくだろう。そして僕たちもまた、フロンティアを探し出し、何かの1歩を踏み出すことで、社会変革の一端を担えるのかもしれない。

3

30 Projects

第3章

第3章 30 Projects

これから応援したい！
希望溢れる注目のプロジェクト

今からでも何か関われる？ 支援できる？ そんな疑問に答えて、
現在東北で進行中の、ワクワクする取組みをピックアップ。
あなたの力が大きな助けになるかも!?

ビジネスをつくり出せ！　産業復興のプロジェクト

PROJECT No.1

地域復興ビジネスマッチング
結の場

活動している県：**宮城・岩手・福島 3県**
主宰団体名：**復興庁・地域の経済団体（商議所や商工会など）**

他地域企業のリソース活用で、地域産業の復興を後押し！

「結の場」では、被災地域企業が抱える経営課題（支援ニーズ）と大手企業等の経営資源（ヒト・モノ・情報・ノウハウ等）のマッチングの場を提供している。2012年11月に行った石巻の水産加工業社への企業マッチングを皮切りに、宮城県で4箇所、岩手・福島県内で各1箇所「結の場」を開催。今では、震災前はつながっていなかった地域の企業同士が連携し、共同の通販カタログの作成や、人材育成を目的とした研修プロジェクトなどが行なわれている。

参加できる！ 大手企業のCSRご担当の方、事業部の方、支援企業として「結の場」参加を検討してはどうだろう？
HP http://www.reconstruction.go.jp/topics/main-cat4/sub-cat4-1/yuinoba.html

マッチングの場では、熱気にあふれる議論が展開される

PROJECT No.2

右腕人材を送り込む
みちのく仕事

活動している県：**宮城・岩手・福島 3県**
主宰団体名：**NPO法人ETIC.**

知る、見る、はじめる。あたらしい東北の仕事。

東北での活動に関わりたい人と、東北のプログラムとをつなげる情報サイト。地域課題解決型事業に取り組むリーダーのもとに、「右腕」として派遣されるプログラム（原則3カ月以上）が、テーマや地域ごとに検索・閲覧できる。主に20代30代が対象だが、40代～60代の派遣実績も。人と仕事のマッチングフェアや、プロジェクト説明会も随時実施している。右腕としての派遣期間は、社会人15万円～／月、大学生10万円／月を上限に、活動資金をETIC.が提供。

参加できる！ サイトの情報を参考に、参加したいプロジェクトを決めてエントリーシートを記入。審査を経て、参加プロジェクト決定！参加を検討している方向けの、個別相談会もあり。
HP http://michinokushigoto.jp/　FB https://www.facebook.com/michinokushigoto

右腕人材向けの研修プログラム「右腕合宿」も実施している

PROJECT No.4

福島の未来を担う人材を育成
ふくしま復興塾

地域名：**福島県福島市**
主宰団体名：**福島大学うつくしまふくしま未来支援センター**

多面的な学びで次世代リーダーを育成

2013年5月開校の復興塾一期生は会社員や復興関連事業主、行政職員、大学生など多様な若者たち。福島在住・出身者のみならず、復興に思いを持つ県外出身者も集まった。講義やディスカッションに加え、浪江町でのフィールドワーク、ウクライナ視察旅行を実施。さらにビジネスの第一線で活躍する講師陣の指導を受けながら、食、健康、コミュニティ、教育などのテーマで福島の地域課題解決につながるプロジェクトを企画し、12月には集大成として100名以上の観覧者が見つめる中、最終発表会が行われた。

参加できる！ 2014年2月現在、第二期の開講に向けて準備中。応募方法は今後HPに掲載されるので、興味のある人はチェックしよう。
HP http://fukushima-fj.com/
FB https://www.facebook.com/fukushima.fj

チェルノブイリではスラブチチ市長ほか現地リーダーを訪ねた

30 Projects　希望溢れる注目のプロジェクト30

PROJECT No.4

日本の農業を変える学びのネットワーク
東北復興・農業トレーニングセンタープロジェクト

地域名：岩手、宮城、福島 3県・東京都
主宰団体名：公益社団法人日本フィランソロピー協会　特別協賛：キリン株式会社

新たな"地域の農業ビジネス"をつくる

新しい仕組みを作り出したい農業経営者の繋がりの場と、他産業とのネットワーク構築を目指す「農業経営者リーダーズネットワーク in 東北」と、地域の仕事、農業の仕事に携わっていこうとする人々に向けた「農業復興プロデューサーカリキュラム in 東京」を開設。期間は毎年4月より開講。座学や国内外のフィールドワークなどを通じて、東北の農業経営者と東京の復興プロデューサーが相互に連携を図ることによって、新しい"地域の農業ビジネス"を創出し、被災地域の活性化をめざす。

参加できる！
2014年4月からは第2期がスタート。
詳細はホームページでチェックしよう。
HP http://agri-tresen.jp　HP http://asadaigaku.jp/agri-tresen/ou

座学によるマネジメントスキルの習得の他、国内、海外でのフィールドワークも行う

PROJECT No.5

復興人材プラットフォーム
WORK FOR 東北

地域名：岩手、宮城、福島 3県
主宰団体名：復興庁

復興現場の求人情報はこちら

復興現場が必要とする人材を、外部から派遣する事を目的としたプロジェクト。CSRや人材育成等を目的として社員の派遣を検討している企業、および復興現場で働き直接復興に関わることを希望する個人に向けてWEBサイトやイベントなどを通じて情報提供。WEBサイトでは最新の求人情報が満載。特に観光振興やまちづくり会社の立ち上げなどが多い。

参加できる！
求人自治体や団体の話を直接聞けるマッチングイベントも適宜開催されているので最新情報はHPをチェックしよう。
HP http://www.work-for-tohoku.org/

WEBサイトには求人情報イベント情報のほか、現地で働く人や派遣元企業の声が掲載されている

PROJECT No.6

起業家支援・プラットフォーム
MAKOTO

地域名：宮城県全域
主宰団体名：一般社団法人MAKOTO

立ち上がる東北のチャレンジャーを応援

被災地で東北の復興を目指す起業家や経営者に向け、コンサルティング、事業計画、ビジネスマッチング、資金調達などの支援活動をスタート。仙台にあるコワーキングスペース「cocoiln」には、一歩を踏み出そうとする起業家が集まる。独自に運営するクラウドファンディングサービス「チャレンジスター」は、資金面に限らずあらゆる困りごとをサポートする仕組み。ネットを通じて活動に共感する支援者を増やし、活動に必要な資金の支援を得ることができる。

応援できる！
チャレンジスターを通じて東北のプロジェクトを応援できる。今までに目標を達成した活動のなかには、「山元産のイチゴを日本一に！」「閖上港に朝市を再建」などがある。
HP http://www.mkto.org/　FB https://www.facebook.com/mkto.org

目標支援額を達成したチャレンジスター参加者たち

161

東北の食を変えていく　産業復興のプロジェクト

PROJECT No.7

三陸から新しい水産業をつくるネットワーク
三陸フィッシャーマンズプロジェクト

地域名：**岩手、宮城、福島3県**
主宰団体名：**東の食の会、ヤフー株式会社**

ここから日本の水産業が変わっていく！

三陸の浜と浜を繋ぎ、「顔の見える」新たな水産業を創ることを目的に、Yahoo! JAPAN、東の食の会、漁業・水産業の担い手が一丸となり立ち上げたプロジェクト。ウェブサイトでの商品販売、新商品開発、リーダー育成プログラム「三陸フィッシャーマンズキャンプ」や商談会の開催に加え、体験ツアーや交流イベントも企画。

フィッシャーマンズキャンプでは、マーケティングや商談スキルを学ぶ

応援できる！ ホームページから、旬の魚介類の購入ができる。

HP http://www.sanrikufisherman.jp
FB https://www.facebook.com/sanrikufisherman

PROJECT No.8

世界に誇れる地域ブランドを創造
MADE IN KITASANRIKU

地域名：**岩手県北三陸地方**
主宰団体名：**北三陸世界ブランドプロジェクト実行委員会**

岩手県沿岸最北端の町からの挑戦

わかめ・ウニ・ホヤなど北三陸の海産物を扱う問屋をゼロから立ち上げた下苧坪之典さん。創業1年もたたずに被災するも、元に戻すだけでなく新しい価値をつくりたい、と地域を巻き込んだ6次産業化プロジェクトを発足させる。地元洋野町や隣町の野田村、漁協や他の漁師とともに、世界に通用する北三陸ブランドをつくる取り組みを開始した。プロジェクトには東京の百貨店や量販店などの大手企業も参画し、北三陸ならではウニやホヤ、ワカメの魅力的な加工品の開発を進めている。

洋野町出身、熱い想いで全国を駆け回る下苧坪さんのニックネームは「海男児」。

応援できる！ 一緒にプロジェクトを進める外部のサポーターを募集中。応援内容は「イノベーション東北」サイトをチェック！
HP http://www.innovationtohoku.com/challenge-5841971566346240.html

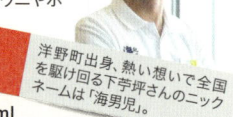

PROJECT No.9

漁師の味を広める"おつまみ研究所"
浜の台所 CASセンター

地域名：**岩手県大船渡市**
主宰団体名：**地元資源利活用協議会・有限会社三陸とれたて市場**

「漁師のレシピ」を美味しさそのままでお届け

三陸で捕れた魚介類を使った漁師料理の加工・販売を行う「浜の台所 CASセンター」。ここでは「漁師のおつまみ研究所」の女性職員が中心となり、地元から集めたレシピを元に商品の開発・加工を行っている。漁師料理のアイデアは多彩。タラの身をから揚げにして、蒸したタラコをかける「タラの親子あんかけ」や「ドンコの肝焼き」など、数々の人気商品を産み出してきた。CASという最新の冷凍技術を活用し、鮮度を保ったまま出荷。鮮度が命の漁師料理の"旨味"をそのまま届けてくれる。

Facebookページでは日々メニューを見れる。こちらはさばの肉団子甘酢あんかけ

応援できる！ 隣接する番屋は、大型バスを受け入れるなど観光施設になっている。漁業や加工の体験ツアーやセミナーなども開催中！
HP http://www.sanrikutoretate.com/
FB https://www.facebook.com/Otsuken

30 Projects　希望溢れる注目のプロジェクト30

PROJECT No.10

食の新たな価値をつくりだす
ロクファームアタラタ

地域名：宮城県名取市
主宰団体名：一般社団法人　東北復興プロジェクト

食を通じて、本当の豊かさを見つめ直す場

食材を生かしたおいしいメニューを提供することで、一次産業への関心を高めたいと、名取市内に2013年9月にファームレストランをオープン。ここは、学校であり、農場であり、加工場であり、食堂であり、市場であり地域の人たちの交流の場、そして、災害時の避難場所でもある。太陽光エネルギーで使用電力をまかなうキッチンスタジオ「6スタ」は、食の知識を学び、地球環境と暮らしについて考えるコミュニティースペースとして、地域の人たちにも開放している。

応援できる！ アタラタでは、多くの障がい者や被災者が生産から加工、サービスなどの作業に従事している。共に人間として成長していくスタッフも募集中。

HP http://www.atalata.com/
FB https://www.facebook.com/6project

「アタラタは、幸せを実感できる場所」と、代表理事の渡部哲也さん

PROJECT No.11

いわきを食で元気に
夜明け市場と食の循環プロジェクト

地域名：福島県いわき市
主宰団体名：特定非営利活動法人TATAKIAGE Japan

拠点は日本一前向きな飲食店街

2011年11月、いわき駅前に復興飲食店街・夜明け市場をオープン。2年目となる2013年には、ここを基点に生産者、起業家、消費者の連携を生み出し、福島の食の循環モデルの構築に挑もうと、地元の農家、フランス料理店、製氷会社などがコラボし、100%いわき産グリーンスムージー「Hyaccoi（ひゃっこい）」の開発にも着手した。事業で実現したいのは、福島の食を「応援しよう」から「食べたい！」に変えること、福島をチャンスあふれるUターン・Iターンの聖地に変えることだ。夜明け市場にはコワーキングスペースも設けられ、志ある起業家が集っている。

応援できる！ 夜明け市場には、郷土料理、串焼、イタリアンバールなど様々な飲食店が並ぶ。いわき駅から徒歩3分。ぜひ立ち寄って、いわきの熱気を味わいたい。

HP http://www.tatakiage.jp/
FB https://www.facebook.com/tatakiage

被災した飲食店主などが全11店舗を営業している

PROJECT No.12

町の統一ブランド
AGAIN（あがいん）女川

地域名：宮城県女川町
主宰団体名：復幸まちづくり女川合同会社

町一丸となって育む、女川自慢の海の幸

震災を機に、水産加工品をブランド化し水産業の復活を目指す活気的なプロジェクト。「女川を再び笑顔あふれる町にしたい」という思いを込めて、ブランド名は、「AGAIN（再び）」と女川弁の「あがいん（めしあがれ）」を掛け合わせた。水産加工業、飲食業、観光業など業種をこえた若手8人が中心となって運営し、女川町もバックアップ。加工品は町で水揚げされた魚介類など選ばれた素材を使用し、加工も町内で行う。今後は、水産業体験プログラムも同ブランド内で展開する予定。

参加できる！ 加工品だけでなく、ホタテの水揚げなどの体験プログラムも今後登場予定。大人だけでなく子供も楽しめるので家族でどうぞ！

HP http://againonagawa.com/

今後、町内の全水産加工会社から募集した商品を審査してブランド認定を行う

163

皆が笑顔のまちづくり
ビジネスを作り出すプロジェクト

PROJECT No.13

まちづくりの"つなぎ役"
釜援隊 ～かまえんたい～
地域名：岩手県釜石市
主宰団体名：釜石リージョナルコーディネーター

地域に飛び込んだヨソモノ、行政と住民をつなぐ
自治体・企業・NPOなど組織間の連携を促し、地域住民が一体となって復興まちづくりを進めるための調整役。メンバーは市が設立した協議会と契約した上で、市内のNPOや任意団体の下で活動。ラジオ体操や草刈り、上映会やスポーツイベントの開催を通じて地域の元気づくりに取り組む。そして、まちづくりの議論の場では日々の活動で培った住民との信頼関係を生かし、行政からの情報をわかりやすく住民に伝えるとともに、住民の声を集約して行政に伝える。第三者の立場でまちづくりをサポートする"つなぎ役"だ。

応援できる！ 毎週日曜日13:00～13:30、かまいしさいがいエフエムにて、釜援隊の活動を伝える「かまらじ！」放送中。「かまらじ！」は地域外からもウェブサイト「サイマルラジオ」にて聴取可能。
HP http://kamaentai.org/　FB https://www.facebook.com/kamaentai

高齢者に大人気のスポーツ、スカットボール。住民の健康づくりとコミュニケーションの場を釜援隊がサポート

PROJECT No.14

農作業で病気を予防
はまらっせん農園
地域名：岩手県陸前高田市
主宰団体名：岩手県立高田病院

農作業と交流、おばあちゃんたちに新たな生きがい
仮設住宅での生活が長期化し高齢者の孤立や健康悪化が心配される中、医師が立ち上げたプロジェクト。市内複数の仮設住宅近隣の農地を借り上げ農作業をすることで、日常的な運動と地域内での交流が可能になった。元気になったおばあちゃんたちはタブレット端末で他の仮設団地の様子をチェックしたり写真を撮ってFacebookにアップするようになり、競争や外部との交流が更なるモチベーションにつながっている。参加者には生活の充実感や自己実現意欲、生きる意欲といった精神面の向上のほか、骨密度の改善もみられている。

応援できる！ 東京の丸の内や錦糸町など、市外での野菜の販売を不定期に実施。Facebookページで日程をチェックして、おばあちゃんたちが作った野菜を買いに行こう！
FB https://www.facebook.com/Hamarassen

東京での野菜の販売は、毎回商品が完売するほどの大人気。

PROJECT No.15

ご高齢者向け配食サービス
愛さんさん宅食
地域名：宮城県塩釜市、石巻市
主宰団体名：愛さんさん宅食

家族愛・親孝行の輪を広げる
塩釜市と石巻市の2店舗で、高齢者や要介護者向けにお弁当を宅配。糖尿病・腎臓病・高血圧などの疾患や嚥下対応食等、噛む力に対応した食事を用意している。「家族愛・親孝行」を理念に掲げ、5年で20店舗200名の働く場創造に向け精力的に活動中。「自分の親に食べてもらいたい食事と笑顔をお届けしたい」と言う。単なるお弁当屋さんではなく、配達時の様子や服薬状況を「お元気情報レポート」として、離れたご家族やケアマネジャーさんに報告するなど、地域の介護パートナーとしてのきめ細やかなサービスも好評だ。

天然だしにこだわったお弁当。1食からでも宅配。(約350Kcal、塩分約2.0g程度598円)

参加できる！ 障碍福祉サービス「愛さんさん」石巻事業所におけるスタッフを随時募集中です。詳しくはホームページから。
（配達エリア：塩竈、多賀城、七ヶ浜、石巻、東松島等）
HP www.ai-sansan.com/
FB https://www.facebook.com/aisansan.takushoku

30 Projects　希望溢れる注目のプロジェクト30

PROJECT No.16

在宅被災世帯への地域コミュニティ事業
石巻医療圏健康・生活協議会

地域名：宮城県石巻市
主宰団体名：石巻医療圏健康・生活復興協議会

孤立を防ぎ、地域のつながりを取り戻す

石巻市・女川町の約12,000世帯の在宅被災者を対象に、2011年から戸別訪問による聞き取りを実施。情報をデータベース化し、必要に応じて医師やケアマネージャー、住環境の専門家などと連携しながら、一人ひとりのニーズに合わせたサポートを行った。現在見えてきた課題は、「住民の孤立」や「つながりの欠如」。これに対して、定期的に人々が集う場を設け、地域でコミュニティを継続させる活動を行っている。被災地の取り組みは高齢化社会の課題につながる。石巻から、全国に発信していきたい。

被災地域の住民の方々をお誘いしての健康コミュニティ活動

応援できる！　『在宅医療から石巻の復興に挑んだ731日間』これまでの活動の軌跡が、多くの人たちのインタビューを通して、一冊の本にまとめられている。

HP http://rc-ishinomaki.jp/
FB https://www.facebook.com/rcishinomaki

PROJECT No.17

福島インドアパークプロジェクト
CHANNELSQUARE

活動している県：福島県福島市
主宰団体名：一般社団法人F-WORLD

福島で、誰もが思い切り遊べるインドアパーク

放射能への不安が残る福島で、子供たちだけでなく、大人も思い切り遊べる施設を目指し、2013年11月9日に「CHANNELSQUARE福島インドアパーク」をオープン。施設内では、スケートボード、ボルダリング、スラックラインができるスペースがあり、誰もが楽しめるつくりとなっている。今後はダンススタジオやかけっこができるフリースペース建設や、スポーツの上達や楽しむためのスクールも検討しており、理想のインドアパークに向かって、寄付も大募集中！

福島駅前の"チャンスク"は日々大盛況！比較的混雑しにくい平日昼間が狙い目とか？

応援できる！　オリジナルグッズの販売をしています。ご購入は、CHANNELSQUAREネットショップから　HP http://fworld.cart.fc2.com/

HP http://fw-p.jp/indoor.html
FB https://www.facebook.com/channelsquare.9608035

PROJECT No.18

福島の復興へ取り組む人を増やす
Bridge for Fukushima

活動地域：福島県北部
主宰団体名：一般社団法人Bridge for Fukushima

福島でコミュニティビジネスを支える

福島県北部において、「住民発の事業」を支える仕組みを作るために2011年5月に発足。福島県内でコミュニティビジネスを行っている団体に、ビジネスプラン作成や資金集め、マーケティング支援を行い、その運営を支える。福島と中国の高校生がスキーやワークショップを通じて交流を深めるイベントや、福島県外の学生を福島の農家へボランティアとして送るツアーも企画。福島と他地域、また世界を結ぶかけ橋として、国内外から注目を集めている。

開催している「かけはしツアー」の様子

参加できる！　Bridge for Fukushimaが企画する、福島県内の研修やツアーに参加できる。個人・団体ともにHPから参加を受け付けている。

HP http://bridgeforfukushima.org/index.html
FB https://ja-jp.facebook.com/bridgeforfukushima.since2011

光る！高校生のパワー

ビジネスを作り出すプロジェクト

PROJECT No.19

観光を高校生の視点で考える
「底上げYouth」

地域名：宮城県気仙沼市
主宰団体名：NPO法人底上げ

気仙沼を恋人の町に

産業に比べて復興の遅れている観光分野を見て「大人の手が回らないことは、私たち高校生がやろう」と活動をスタート。「恋人」という言葉を世に広めた気仙沼出身の歌人・落合直文に注目し、恋人スポットを紹介する観光リーフレットを制作。市指定文化財の庭園を持つ「煙雲館（えんうんかん）」などを紹介した。他にも大学生を対象とした「恋人ツアー」など、気仙沼の魅力を伝える企画を実施。今後も、ご当地キャラの提案や瓦煎アートなど高校生ならではのプロジェクトを進めていく。

リーフレットはvol.2まで完成

もっと知ろう！ 写真をふんだんに使ったFacebookページは必見。活動がこまめに更新されている。

HP http://www.sokoage.org/youth/
FB https://www.facebook.com/sokoageyouth?fref=ts

PROJECT No.20

高校生による旅行ガイド集団
TOMOTRA

地域名：福島県いわき市
主宰団体名：Youth IWAKI、H.I.S

いわき大好き、元気いっぱいのメンバー。

高校生、地元のために立ち上がる

震災による観光客減少の問題を解決するため、高校生が旅行会社H.I.S.と組んで地元いわきを案内する。Tomodachi Travel agency、略して「トモトラ」の活動は2012年秋からスタートし、2013年7月には石巻支部も誕生。ツアーは、伝統の和紙作りやかまぼこ工房体験、フラダンスレッスンなど地元の人との交流、ガイドの高校生から被災地の実情や震災体験を聞くなど、いわきの人と関わることに焦点をあてた内容。ツアー以外にもFacebook上で「メンバーが伝えるIWAKI」と題し、高校生が自分のお気に入りスポットを紹介している。

参加できる！ 新宿都庁出発、いわきの魅力がギュッと詰まった1泊2日のバスツアーが月1回開催されている（2014年2月現在）。いわきに行くなら、今だっぺ！

HP http://youth-iwaki.jimdo.com/tomotra/
FB https://www.facebook.com/tomotravel

PROJECT No.21

Ustream番組を制作・配信
くじらステーション

地域名：宮城県石巻市
主宰団体名：くじらステーション

牡蠣小屋からも配信！

石巻の魅力を伝えるメディアを自分たちの手で

震災以後、様々な活動をはじめた石巻の高校生たち。自分たちの情報を発信したいが、既存のメディアではなかなか取り上げられない。だったら自分たちがメディアになればいい！と思いついたのが原点。14名の中高生が企画や会議、取材、番組準備、そして番組配信までを行い、月1〜2回、60分のUstream番組を配信している。2013年6月に開始し、2014年1月までに10本の番組を世に送り出した。「自分たちが石巻そして高校生の現実を伝えていくことで少しでも世界の人たちに石巻の明るさを印象づけたい」という思いで活動を続けている。

応援できる！ くじらステーションの番組は、過去の配信分のも含めてUstreamで視聴できる。高校生たちの熱い思いに触れてみよう。

HP http://kujira-station.jimdo.com/
FB https://www.facebook.com/Kujirastation

30 Projects　希望溢れる注目のプロジェクト30

PROJECT No.22

高校生がつくるコミュニティースペース
「いしのまきカフェ「　」（かぎかっこ）」

地域名：宮城県石巻市
主宰団体名：いしのまきカフェ「　」

店名とロゴは"みんなでつくるもの""つながり"を表している

平日営業もスタート！

2012年6月から準備を始め、11月にオープンしたカフェ。メニューは地元で買い付けた野菜や地元の水産企業の協力で生まれた商品を使い手作り。店の名前、コンセプト、ロゴ、メニュー、空間デザインなど、すべてをゼロから高校生が考え立ち上げた。現在は約30名の高校生が商品開発、イベント企画、情報発信、マネージメントの4つのチームに分かれ、それぞれの得意分野を活かしながら活動。調理、接客といったカフェの営業も全員で行う。地元小中学生とのケーキ作りや神奈川県逗子市のイベント出店など、店外での活動にも幅を広げている。

応援できる！ 高校生がお店に立つ土日に加え、大人のサポートスタッフにより平日（月・火・水）の営業もスタート。石巻を訪れたら、市役所1階のカフェに立ち寄りたい。

HP http://doorwaytosmiles.jp/
FB https://www.facebook.com/ishinomakicafe

PROJECT No.23

岩手を知って復興を考える
ISHIMO

地域名：岩手県全域
主宰団体名：高校生団体 ISHIMO

内陸と沿岸の温度差をなんとかしたい！

岩手県の内陸および沿岸部出身の高校生5人で結成したグループ。「復興への意識について、県内でも沿岸部と内陸部の温度差がある」という課題意識のもと活動を開始。盛岡市で県内の高校生らを招いての「岩手県高校生交流会」を実施。高校生が行く沿岸部ツアーも実施した。来年も内陸と沿岸の架け橋となってイベントや交流会を企画していくとともに、活動の結果を元に岩手内外に情報発信を行う。

岩手県内から課題意識を同じくする高校生が集結した

参加できる！ 岩手へのツアーの受入れ、東京での報告会、是非ご相談ください。個別に柔軟に対応させて頂きます！

FB https://www.facebook.com/pages/Ishimo/1378828222339678

PROJECT No.24

震災の記憶を残したい
「3.11復興木碑設置プロジェクト」

地域名：岩手県大槌町
主宰団体名：吉田優作

木碑を立て替え、語り継がれる震災

震災で1,000人以上の死者・行方不明者を出し、町の面積のおよそ50％以上が浸水した大槌町。高校生の吉田優作くんは「今後災害を体験する人たちに同じ過ちを繰り返してほしくない」と、震災の記憶を伝えるための木碑を、大槌町内に設置している。地区の大人たちとの話合いを経て、記念すべき1本目に記したのは「大きな地震が来たら戻らず高台へ」という言葉。石ではなく強度の低い木にしたのは、記憶を風化させず後世に伝え残すため。4年ごとに木碑を立て替えるという文化を創り、大槌町内外で震災を語り継いでいく。

多くの人や企業の協力によって木碑が設置された

応援できる！ 多くの人の目に触れることが、木碑設置の最大の成果。大槌町安渡の古学校地区に、ぜひ木碑を見に行って！

HP http://www.collabo-school.net/myproject/yoshida.html

東北から未来のリーダーを
ビジネスを作り出すプロジェクト

PROJECT No.25

放課後学校
コラボ・スクール
地域名：宮城県女川町、岩手県大槌町
主宰団体名：認定特定非営利活動法人NPOカタリバ

学ぶ場所を失った子どもたちの進学をサポート

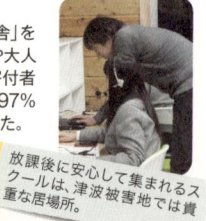

津波で家を流され、落ち着いて学ぶ場所を失った子どもたちのための放課後学校「女川向学館」「大槌臨学舎」を運営。行政や学校とも連携しながら、各教科の学習指導や英会話指導、また、居場所を提供し子ども同士や大人と交流することを通して心のケアを行う。スタッフと学習をサポートするボランティアや遠くから見守る寄付者が「コラボ」して、子どもたちを支援。2012年3月、初めて送り出した中学3年生の98%、翌年の卒業生も97%が第一志望校に合格。コラボ・スクールでの勉強の成果が実り、全員が高校進学を果たして未来へ歩みだした。

参加できる! 子どもたちの学習をサポートするボランティアを募集している。子どもたちのために何かしたい方、教員を志望している方はぜひ。
HP http://www.collabo-school.net/　FB https://www.facebook.com/katariba

放課後に安心して集まれるスクールは、津波被害地では貴重な居場所。

PROJECT No.26

未来をつくる国際人材を育成
OECD東北スクール
地域名：岩手、宮城、福島3県
主宰団体名：OECD、文部科学省、福島大学

中高生がパリで東北の魅力をアピール！

震災からの復旧にとどまらず「新しい東北・日本の未来」を考えられる国際的な人材を育成するためのプロジェクト。福島、宮城、岩手の各地から中学生、高校生約100人が集まり「2014年8月にパリで東北の魅力を世界にアピールするイベントをつくる」ことをゴールに活動する。一回完結型のイベントでなく、2年半のプログラムの中でワークショップ、地域ごとの活動、さらに関係機関との連携やPRといったイベント準備のプロセスから学ぶことができるのが特徴だ。他県、そして世界との交流が中高生たちを大きく変えていく。

応援できる! 寄付は子どもたちのフランスへの渡航費用や滞在費用、イベントの実施費用等に充てられる。資金面からプロジェクトの実現をサポートしよう。
HP http://www.oecd-tohoku-school.com　FB https://www.facebook.com/oecd.tohoku.school

定期的に行われる集中スクールでは、皇族や海外からの視察者を前にプレゼンも行うことも。

PROJECT No.27

被災児童にリーダーシップ教育
ビヨンドトゥモロー
地域名：地域名：岩手、宮城、福島3県
主宰団体名：一般財団法人教育支援グローバル基金

東北発、グローバルに活躍する若者を育成

志あるリーダーの育成を目的に、被災した学生に奨学金とリーダーシップ教育を提供するスカラーシッププログラムや、海外長期留学を支援するプログラムを運営。各分野のトップリーダーのアドバイスを受け、東北の復興のあり方について提言をまとめた「東北未来リーダーズサミット」など、若者が世界とつながり視野を広め、仲間と議論し意見を交わす機会を提供している。ツイッター日本代表近藤正晃ジェームス氏、オイシックス代表高島宏平氏など、世界経済フォーラム（ダボス会議）のヤング・グローバル・リーダーズも参画。

応援できる! 若者の育成を寄付で支えよう。「共感助成特別プロジェクトー東日本大震災復興支援プロジェクト」から寄付すれば、寄付金控除の対象となる。
HP http://beyond-tomorrow.org/　FB https://www.facebook.com/beyondtomorrow

代表の坪内氏はマッキンゼー、難民を助ける会出身。社会に変革をもたらし、新しい境地を

希望溢れる注目のプロジェクト30

PROJECT No.28

体験型教育でまちづくり
雄勝アカデミー

地域名：宮城県石巻市雄勝町
主宰団体名：公益社団法人 sweet treat 311

学校再生プロジェクトも開始！

子どもたちがたくましく成長するきっかけを作るため、民間の学び舎として2012年5月に開校。地元の食材を使い、命を頂くことを学ぶ料理教室「おがつキッチン」、小学生がiPhoneやiPadを持ち、雄勝を撮影して記録する「ITキャンプ」など、故郷の豊かな自然・漁業・農業・林業・伝統文化を体験し感じて学ぶプログラムを地元の人々とともに運営している。現在は地域の廃校を活用して、地域外の人々との交流の拠点となる体験型宿泊施設を建設するプロジェクトも進行中。2014年度に完成予定で、新拠点とともに学びに加えて活気あるまちづくりを目指していく。

十三浜名産のワカメの収穫体験の様子

応援できる！ 学習支援会や体験型プログラムを企画立案するボランティア・インターンを募集中。応募、問い合わせはホームページから。

HP http://sweettreat311.org/
FB https://www.facebook.com/sweettreatjapan

PROJECT No.29

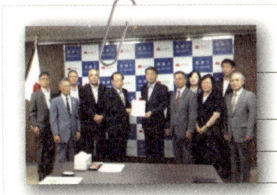

新しい中高一貫校の設立
双葉郡教育復興ビジョンの推進

地域名：福島県双葉郡
主宰団体名：双葉郡教育復興ビジョン協議会

双葉郡8町村の教育界が一つになって取り組む

原発事故の影響で地域の大半が計画的避難区域に指定されている双葉郡。長期的に復興を担い世界に貢献できる人材を育成するため、8町村の教育長らが議論を重ね、2013年7月に「双葉郡教育復興ビジョン」を作成した。郡内の幼小中高校のカリキュラムの中心を、復興に向けたアクティブラーニング（実践的な課題解決のためのプロジェクト学習）としつつ、海外留学なども取り込んだものとなっている。具体策の一つが、郡内の中高一貫校設置。県外に避難している子どもの受け入れも想定して寮も併設予定。今後も国、県教委、住民、子どもたちとの議論を重ね、2015年に中高一貫校が開校する。

復興ビジョン作成にあたっては、子どもたちとの会議も行われた

応援できる！ 町村、県、国が連携して中高一貫校を設置し、原発事故の地域復興を担う人材を育成し、ひいては全国の課題解決能力のある人材育成のモデルともしようとする新しい取組み。今後の動向に注目しよう。複数の自治体が連携し、県教委や国に働きかけて中高一貫校を主体的に実現しようとする全国的にも新しい取組み。今後の動向に注目しよう。

PROJECT No.30

自然エネルギーの体験学習拠点
南相馬ソーラー・アグリパーク

地域名：福島県南相馬市
主宰団体名：一般社団法人福島復興ソーラー・アグリ体験交流の会

自ら考え行動する力を育てる体験学習

南相馬ソーラー・アグリパークは2013年3月、津波被災農地に完成した、いわば"自然エネルギーのテーマパーク"。500kW太陽光発電所と2棟の植物工場を舞台にした体験学習は、子どもたちが自ら試行して答えを見つけ出す経験のできるプログラムとなっている。目指すのは「考える力」と「行動する力」を身に付けた人材の育成。開講から10か月の間に、南相馬市の小中学生3300名のうち800名が学校の授業の一環として楽しく体験。2014年5月からは週末スクールを立ち上げ、人材育成の仕組みを強化する。

本物の太陽光発電所の中を「巡視点検」する体験

参加できる！ 高校生・大学生が週末スクールの運営に参加する社会経験プログラムも提供し、復興を担う人材を育成。企業の社員研修の場としても活用されている。

HP http://minamisoma-solaragripark.com/

169

4

100 Things

第4章

第4章 100 Things

「復興びと」50人が推薦！
最新の東北「食・買・観」ガイド

この3年間、各地で復興に尽力してきた地元の方々、県外からの支援者の方々。彼らに東北のイチオシ情報を聞きました。東北から生まれる新しい息吹を、ぜひ感じて欲しい！

食

Recommendation ▶ Local Speciality
絶対食べてほしい！名物の一品

岩手 大船渡市
大船渡の さんまらーめん

写真は梅干しとレモンが効いた萬来食堂の「さんまうーめん」！
国内有数の水揚げを誇るさんまの産地、大船渡のご当地ラーメン「さんまらーめん」。市内では、さんまをダシに使ったり、まるごと一本乗せたりと、各店舗の創意工夫が光るオリジナルラーメンを食べられる。値段は一律650円。

絆プロジェクト 佐藤健一さん ▷ 20

お店ごとのアレンジが楽しくて美味しい！市内各所にあるマップ片手に食べ比べて。

⌂（萬来食堂）大船渡市大船渡町宮ノ前9-2 ☎0192-27-3111（市・商工観光課）

宮城 女川町
おかせいの 女川丼

じゃ～ん！！

「三陸の旬の魚介が『これでもか』」ととんこもり。夜は営業していないので、ランチ時間に合わせて仕事の予定を組んでいます」。日本財団 青柳光昌さん ▷ 1
「どうしてもあのてんこもり海鮮の姿を見たくなり、頼んではまた動けないほどお腹いっぱいに…の繰り返しです」。ハーバード大学院 山崎繭加さん ▷ 47

カタリバ 今村久美さん ▷ 6

お刺身の大きさ・量・ごはんの美味しさにびっくり！コスパ最高です！

⌂牡鹿郡女川町小乗浜字小乗115 ☎0225-53-2739

宮城 名取市
魚亭浜や 閖上さいかい市場店の 閖上赤貝丼（ゆりあげ）

「身の赤みが強く肉厚な閖上産の赤貝は日本一の呼び声高く、高値で取引されるため、かつてはなかなかお目にかかれない高級品でした。震災後徐々に漁船が復活し、今では復興のシンボルの1つに。おすすめは名取市美田園に、閖上の住民が作った「閖上さいかい市場」。浜やの赤貝丼、若草寿司の赤貝のにぎり、隣の釣具店でも販売もしています。貝が割れたものは格安で売ってもらえますよ」。

河北新報 八浪英明さん ▷ 45

⌂名取市美田園7-1-1 ☎022-398-5547 🌐http://www.yuriage.co.jp/

福島 浪江町
なみえ焼きそば

「ご当地グルメとしても有名になったなみえ焼きそば。他の地域がB級グルメを通じて「まち起こし」をするなか、全町避難で自らを興す町を持たない浪江は「まち残し」。今も各地に避難している方々の心をつなぎ、ふるさとを次世代へ引き継ぐ取り組みとして精力的に頑張っています」。

福島大学・准教授 丹波史紀さん ▷ 32

2013年のB-1グランプリで見事ゴールド・グランプリ獲得！

二本松市の杉乃家はか、いくつかの露店で食べられる。
🌐http://namieyakisoba.com/　※お取り寄せも可能

岩手 大槌町
BARLITOの うにパスタ

「地元の若者が震災後に始めたイタリアンレストラン。目の前にはひょっこりひょうたん島が見える。オーナーシェフが「天然の冷蔵庫」と呼ぶ目の前の浜から買い付けた新鮮な食材で料理するのが魅力。ポモドーロ、トリッパ、ピザもいいが中でもうにパスタ（夏季限定）は絶品。」

大槌町NPOボランティア連絡協議会
阿部敬一さん ▷ 2

過去食べたうにパスタでNO.1！普通の原価計算でこれは作れない！

⌂上閉伊郡大槌町赤浜1-3-17 ☎0193-55-5554

宮城 亘理町
ドライブインサザエの アジもつ定食

国道6号線沿いの名物店。まさに「昭和のドライブイン」といったノスタルジックな店構えで、店内には広い座敷も。人気のアジもつセットはその名の通りアジフライともつ煮込みの定食。副菜も充実で満足度高し。

復興庁宮城復興局 山本啓一朗さん ▷ 49

その味とボリュームに、その日の午後は仕事になりませ～ん！

⌂亘理郡亘理町吉田南堤上1-1 ☎0223-34-4629

東北のおすすめを教えてくれた

55人
はこちら ▶▶▶

55 people who give a recommendation.

1
青柳 光昌さん（あおやぎ みつあき）
日本財団 東日本大震災復興支援チーム リーダー

震災後、被災された約2万人へのお見舞金の配付、NPO活動支援金の助成などを行う。その後は企業と連携した人材育成、水産業や伝統芸の支援、復興庁との連携に尽力。

2
阿部 敬一さん（あべ けいいち）
大槌町NPOボランティア連絡協議会 会長／住民まちづくり運営委員会 会長

震災後、避難所の炊き出しから始まり、農家産直「結ゆい」、（社）おらが大槌夢広場の立ち上げにも尽力。震災から3年、時間のすべてを復興活動に費やし、現在も走り続ける。

3
荒井 優さん（あらい ゆたか）
東日本大震災復興支援財団 専務理事

福島県を中心に被災地を渡り歩き、被災者や復興支援団体への助成・支援を行う。また復興関係者の横のつながりを活性化するため、「芋煮会」などの活動も精力的に行う。

岩手 陸前高田市
陸丸の 陸丸丼

陸前高田のソウルフード「熊谷ホルモン」、通称「くまホル」をふんだんに使った丼ぶり。店は、震災前に市内でバーを経営していた店主が、「髙田大隅公どいの丘商店街」内に一年半ぶりにオープン。食事はもちろん、日本酒の品揃えも人気。

SAVE TAKATA 佐々木信秋さん ▷ 19 
安い・早い・美味いで最強です！！

📍陸前高田市高田町大隅93-1
📞0192-47-3653

岩手 山田町
釜揚げ屋の 生のりうどん

地産地消にこだわり、県産の無漂白粉だけで打つ手作りうどんは、コシとノド越しの良さが絶妙。釜揚げも人気だが山田湾産の希少な生のりを使った生のりうどんは熱狂的ファン多し。「12月〜4月の限られた期間しかない生のりがた〜っぷり。ここでしか味わえません！」

新生やまだ商店街 椎屋百代さん ▷ 23

📍下閉伊郡山田町長崎1丁目9-2（仮設店舗）
📞0193-82-2173
🌐http://kamaageya.kawasai.net/

宮城 南三陸町
南三陸さんさん商店街の キラキラ丼
写真は松原食堂のキラキラ丼！

新鮮ないくらがたっぷり乗った海鮮丼。さんさん商店街内で6店舗、周辺を含むと9店舗がオリジナルの丼で競い合う。季節によって「キラキラうに丼」など別シリーズのキャンペーンも。「各店舗が趣向を凝らした、いろんなキラキラ丼を味わえるのもこの商店街の魅力の一つです」。

グロービス 堀義人さん ▷ 42 
新鮮ないくらが星のように輝いていて、たまらなく美味しい！！

📍南三陸町志津川字御前下59-1 📞090-7073-9563 🌐http://www.m-kankou.jp/bowl/

福島 南相馬市
双葉食堂の 中華そば

元は南相馬の小高区にあった食堂だが、鹿島区のかしま福幸商店街で復活した。おかみさんのもとには県内各所、県外からも以前の客が集まり、小高区を懐かしむ会話が弾むとか。シンプルな中華そばは、古里の味なのだ。

JTB 毛利直俊さん ▷ 44 
おかみさんの笑顔と、素朴で優しいこのラーメン、好きです。

📍南相馬市鹿島区西町1

福島 福島市
満腹の 円盤餃子

餃子がぐるりと並んだ、福島市の名物円盤餃子。満腹で出されるのは、初代の教えを守り、皮から手練りで作っているこだわりの一皿。16時半開店で、餃子が無くなり次第終了。「いろいろ行きたいのに、福島に行くとやっぱりここに行ってしまいます」。

助けあいジャパン 佐藤尚之さん ▷ 21 
一人前30個だけど、うまいからペロリと食べてしまう（女性も）。

📍福島市仲間町1-24 📞024-521-3787 🌐http://enban.hp.gogo.jp/

福島 福島市
Curry dining bar 笑夢の 笑夢カレー

丸一日かけて炒めたタマネギと、いくつものスパイスを重ねた奥行きのある味わいに、行列ができるほどファンは多い。季節によって変わる4種類のオリジナルカレーから2種類を選べるランチが好評。

EXILE USAさん ▷ 7
バターチキンカレーが絶品！福島に行く度に食べてます！

📍福島市大町2-35 📞024-522-1841

宮城 石巻市 雄勝町
南三陸うまいもの屋洸洋の 雄勝湾カレー

具には雄勝産のカキ、ムール貝、ホタテのひもなど。店は「おがつ店こ屋街」の中にあり、新鮮な魚介類の販売も行っている。「F1大会で敢闘賞を受賞した雄勝湾カレー。雄勝の魚介をふんだんに使ってますが、この地域には珍しいまろやかなタイ風のカレーです」。

sweet treat 311 油井元太郎さん ▷ 50

📍石巻市雄勝町伊勢畑84-1 📞090-7079-2778

▽まだまだある！皆さんのおすすめ

ロカーレ・アーシャの牡蠣のグラタン（岩手・山田町）臂徹さん▶38、観音 昇本の釜石ラーメン（岩手・釜石市）君ヶ洞剛一さん▶15、ニューこのりの活穴子天丼（宮城・女川町）今村久美さん▶6
メカカマ定食（宮城・南三陸の名物）厨勝義さん▶17、はらこ飯（宮城・亘理町の郷土料理）渡辺一馬さん▶55、いかにんじん（福島県北部の郷土料理）宍戸慈さん▶24

4
伊藤 孝介さん
glowcal
防災プランナー

震災後、東京で勤めていた会社を退職。生まれ育った福島県・南相馬市に、立ち上がったばかりのNPOにて、子ども支援を中心に、復興支援活動に携わる。

5
今井 仁さん
(株)岩手県北観光 宮古支店
営業部主任／名物添乗員

震災以降岩手を走る「けっぱれ東北・ボランティアライナー」の添乗員。黄色い帽子がトレードマーク。復興の架け橋役を担い、全国からの皆さまに岩手を伝え続けている。

6
今村 久美さん
認定NPO法人
NPOカタリバ 代表

震災の影響で全壊した地域（宮城県女川町・岩手県大槌町）で放課後学校コラボ・スクールを立ち上げた。子供たちの学習環境・居場所を創出し、学習サポートを行っている。

7
USAさん
EXILE
パフォーマー

「夢の課外授業」の活動にて、東北の学校でダンスレッスンを行っている。福島の復興イベント「F-WORLD」に3年連続出演。また、除染作業にも精力的に参加し続けている。

食 Recommendation ▶ Dining&Izakaya
こっそり教える食堂・居酒屋

宮城 石巻市

四季彩食
いまむら

住 石巻市中央2-7-2
電 0225-90-3739

「ボランティアで千葉からやってきた若者・ねぎちゃんが『いつか自分の店をもつ』という夢を石巻で実現。ここに行けば、石巻の最高の食材(特に魚)を一番おいしい時期に調理して出してくれます！日本酒も豊富よ」

ヤフー　長谷川琢也さん ▶ 35

宮城 気仙沼市

福幸酒場
おだづまっこ

住 気仙沼市田中前4-2-1(福幸小町内)
電 0226-24-0205

店名は、いたずらっ子を意味する方言。刺身や魚介料理が自慢の居酒屋。元気な店員と常連客でいつも賑わっている。日本酒も豊富で、気仙沼を代表する地酒「蒼天伝」を使ったハイボールも。「仮設店舗ながら雰囲気もよく、大好きな場所です」

臼福本店　臼井壯太朗さん ▶ 8

メカジキのハーモニカが最高！煮付けでも、塩焼きでも。

岩手 大船渡市

イタリアン
ポルコ・ロッソ

住 大船渡市盛町字町10-1
電 0192-26-0801

「盛駅前にあるイタリアンの名店です。地域の海の幸・山の幸を使った本格的なイタリアンを楽しむことができます。いつも満席なので、大船渡にお越しの際は事前に予約をして、ハイレベルな食を楽しんでください」

三陸魚文化研究所　山村友幸さん ▶ 48

岩手 釜石市

ジャズ喫茶
タウンホール

住 釜石市大町3-9-1, 2F
電 0193-24-2313

マスターがセレクトしレコードでかけてくれるジャズの音色を楽しみながら、ゆったりとした時間を過ごせる場所。「足元まで浸水する被害を受けつつも再開しました。各種ウイスキーを味わいながら、巨大スピーカーから流れるジャズを満喫できます」

マイクロソフト　龍治玲奈さん ▶ 53

三陸版ブルーノート♪

福島 新地町

鹿狼の湯
どんぐり

住 相馬郡新地町杉目飯樋50
電 0244-63-2617
http://www.9.plala.or.jp/karo-3/

「自家栽培のそば粉を使った十割蕎麦はファンが多い。日帰り温泉や宿泊ができる鹿狼の湯も併設。『沿岸部が一望できる、眺め抜群の農家レストラン。特におそばが美味しいです。ここから鹿狼山に登山も出来ます』」

ふらっとーほく　松島宏佑さん ▶ 43

福島 福島市

餃子・ホルモン **鳥政**(とりまさ)

住 福島市新町1-17
電 024-522-5554

福島駅から10～15分、小さな呑み屋街の路地にある、鳥ではなく餃子とホルモンの店。ランチと夜の営業。席で自分で焼くホルモン焼きの味はもちろん、何よりもたくさん食べて飲んでも安いのが人気の理由。いつも賑わっているので予約を入れるのがベター。

スポーツキャスター　古田敦也さん ▶ 40

福島でホルモンと言えばここ！

岩手 大槌町

女将さんの大ファンです！

焼き鳥 **七福食堂**

住 上閉伊郡大槌町大槌23-9(大槌北小福幸きらり商店街内)　電 0193-42-4023

「とにかく美味しいのです、焼き加減も、タレも。冷めても美味しく頂けるので、取材中、移動の車内で人気でした。でも、お店を切り盛りしていらっしゃる小川勝子さんのひたむきさと笑顔のファンなので、できればお店で食べたいですね」

キャスター　膳場貴子さん ▶ 28

8	9	10	11
臼井 壯太朗(うすい そうたろう)さん (株)臼福本店 代表取締役社長 気仙沼市で遠洋鮪漁業の会社を営む。自らも震災の影響を受けながらも、気仙沼の復興活動に尽力。さらに遠洋鮪漁業界の未来を考え切り開こうとする、水産業全体のリーダー的存在。	江良 慶介(えら けいすけ)さん ap bank kurkku ディレクター 稲作が困難になった農地で綿花を栽培する被災農家支援「東北コットンプロジェクト」を2011年にアパレル19社と立ち上げる。2012年からはap bankの復興支援事業を担当。	及川 武宏(おいかわ たけひろ)さん Three Peaks Winery 代表／東日本大震災復興支援財団 シニアアドバイザー 財団にて奨学金やスポーツ支援の事業を立ち上げたほか、幼稚園園庭の人工芝化やグラウンド整備事業も推進。三陸に100年続く文化を作るため、ワイナリーをスタート。	岡本 正(おかもと ただし)さん 弁護士 岡本正総合法律事務所 震災後の4万件超の無料法律相談事例をもとに、「災害復興法学」を慶應大や中央大に創設。内閣府の経験や医療コンサルタント資格をいかし、リーガル・サポートを展開。

宮城 南三陸町 入谷地区

ひころの里
ばっかり茶屋

📍 南三陸町入谷字桜沢440（ひころの里内）
☎ 0226-46-4310

歴史ある松笠屋敷の離れを利用した農家レストラン。地元の山里の素材を活かした、素朴で優しい郷土料理を楽しめる。切り盛りするのは地域の農家のお母さんたち。自分で育てた食材を持ち寄りメニューを決定、それぞれの得意料理がお膳に並ぶ。

大正大学特命准教授 **山内明美さん** ▷ 46

> ランチはお膳で出てきて500円とびっくりの安さ！食材は100％南三陸産です。

福島 郡山市

うなぎ 山尾

📍 郡山市開成3-5-4
☎ 024-923-6450

厳選したうなぎと30年来の秘伝のタレ、マツ炭と蒸し釜で炊いたご飯でいただく御膳。自家製のところてんも人気。「郡山でうなぎといえばここ。たれがおいしい♡＋付け合わせのお漬け物がとってもおいしいです」。

女子の暮らしの研究所 **日塔マキさん** ▷ 34

宮城 石巻市

海鮮居酒屋 六文銭

📍 石巻市立町2-3-10
☎ 0225-93-3100

石巻駅から徒歩5分。地元の人、出張者などファンが多く、平日でも満席が多い人気の海鮮居酒屋。「石巻で採れた魚介を中心に提供してくれる気さくな居酒屋。中でもおすすめは、吉次（キチジ＝きんき）の煮物と焼き物ですね」。

日本財団 **青柳光昌さん** ▷ 1

> 焼き物の後の骨でだしをとってくれるスープは、お酒の〆に最高です。

福島 福島市

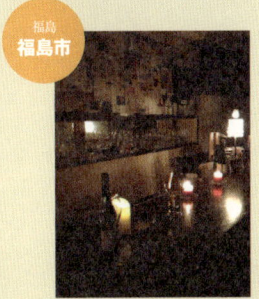

ワインバー regaletto（レガレット）

📍 福島市本町2-8, 2F
☎ 024-522-5515

全国からセレクトした、日本ワイン専門のバー。「日本産のワインにこだわったお店は、福島の復興関係者御用達で、いつも誰かしらに出逢う（笑）。マスターの宇津木さんの人柄に、みんなが魅了されているのです」。

peach heart **鎌田千瑛美さん** ▷ 13

> 合言葉は「こんヴァンわいん」☆

宮城 気仙沼市

斉吉商店 ばっぱの台所

📍 気仙沼市本郷6-11, 2階
☎ 0226-22-0669
🌐 http://www.saikichi-pro.jp/bappa
※ランチは前日17時までの予約制

ばっぱ（おばあちゃん）の作る漁師町のお昼ごはん。料理を教えてくれるワークショップも行っている。「さんまのつみれ汁、金のさんま、海鮮丼…どれをとってもここでしか味わえない美味しさ！」

復興庁宮城復興局 **山本啓一朗さん** ▷ 49

> 何よりも、ばっぱの笑顔とおもてなしが最高です！！

岩手 釜石市

移動店舗 かまいしキッチンカー

📍 釜石市大町2-8（大町ほほえむスクエア）
🌐 http://k2cp.jp/

コーヒー屋やおにぎり屋など、現在10台を釜石市を中心に各地で活躍中！イベントへの出張やケータリングも喜ばれている。「キッチンカーが集まった広場『大町ほほえむスクエア』は、被災した飲食事業者＆これから飲食店を始めたい事業者による屋台村。ランチやちょっとした休憩にホッと一息つける場所です」。マイクロソフト **龍治玲奈さん** ▷ 53

▽まだまだある！皆さんのおすすめ

金華楼（中華／宮城・女川町）長谷川琢也さん▶3S、かに物語（かに料理／宮城・気仙沼市）岡本正さん▶11、一心（海鮮居酒屋／宮城・仙台市）佐藤尚之さん▶21、丸濱食堂（魚介料理／岩手・大船渡市）山村友幸さん▶48、牛タンbar P&O（牛タン／宮城・石巻市）小林深吾さん▶18、創作農家こすもす（郷土料理／岩手・釜石市）及川武宏さん▶10、花菖蒲（蕎麦・和食／宮城・女川町）山崎繭加さん▶47、あんぺ（ジンギスカン／岩手・遠野市）多田一彦さん▶31

---

12 小野 裕之（おの ひろゆき）さん
greenz.jp 副編集長／NPO法人グリーンズ

エコやサスティナビリティをテーマにした飲み会「green drinks 仙台」の立ち上げをサポート。「マイプロジェクトSHOWCASE東北編」を開設し、ソーシャルデザインの担い手を紹介。

13 鎌田 千瑛美（かまだ ちえみ）さん
（社）ふくしま連携復興センター 理事／任意団体 peach heart 代表

復興コーディネーターとして若い女性たちの本音の言える場づくりを手掛け、「ふくしまキュン♡キュン♡大學」「せんきょ campふくしま」など、複数のプロジェクトを立ち上げる。

14 木戸 寛孝（きど ひろたか）さん
国際NGO世界連邦運動協会 常務理事／（株）jumari コンセプター

東北から新しい農業のカタチを産み出すことに尽力。東北復興農業トレーニングセンタープロジェクトや、福島大学「ふくしま復興塾」の企画立案および講師等として携わる。

15 君ヶ洞 剛一（きみがほら たけいち）さん
ヤマキイチ商店 専務取締役

当店の看板商品の「泳ぐホタテ」はじめ、三陸の海産物にこだわり販売を再開。若手で立ち上げた「NEXT KAMAISHI」で釜石のお祭りや、「釜石よいさ」などの復活をサポート。

食 Recommendation ▶ Sweets & Cafe
ほっと一息 スイーツ＆カフェ

福島 郡山市

大友パン・ロミオほかの クリームボックス

市民は皆知っている、ご当地名物パン。食パンにクリームがたっぷり乗っている、それ以上の説明が難しいが、とにかくクセになる味。お土産としてもインパクト大だ。市内でも10店舗以上で扱っているから、食べ比べてみても？

女子の暮らしの研究所 **日塔マキさん** ▷ 34

> 郡山のソウルフード。私のお気に入りは大友パンの♡

- 🏠 大友パン 🏠 郡山市虎丸町24-9 ☎ 024-923-6536
- 🏠 ロミオ 🏠 郡山市西ノ内2-11-40 イトーヨーカドー内 ☎ 024-939-1220

岩手 陸前高田市

おかし工房 木村屋の 夢の樹バウム

7万本の中で唯一残った、陸前高田の「奇跡の一本松」をイメージした、想いのこもったお菓子。岩手県産南部小麦と小岩井農場のバター、沿岸の有精卵と、原料も地元にこだわっている。「他のバウムクーヘンと違って、外はカリっと中はしっとりとして抜群にうまし！」

岩手県北観光 **今井仁さん** ▷ 5

> これを食べて美味しくないと言った人は一人もいません！

- 🏠 陸前高田市高田町字栃ヶ沢26-1 ☎ 0192-54-5511
- 🌐 http://okashitsukasa-kimuraya.com/ ※お取り寄せも可能

岩手 大船渡市

さいとう製菓の かもめの玉子ミニ

南三陸を代表する銘菓「かもめの玉子」は、しっとりした黄味あんをカステラ生地とホワイトチョコレートで包みあげたお菓子。「イタリア人の子供たちもスーパーファンになっています！」

支倉プログラム **レナータ ピアッツァさん** ▷ 54

- 🏠 大船渡市赤崎町字՜ 野5-1
- ☎ 0120-311-005
- 🌐 http://www.saitoseika.co.jp/
- ※お取り寄せも可能

福島 南相馬市

原町製パンの よつわりパン

誕生から50年以上、世代も3代目という、南相馬市民に愛され続けている名物パン。食べるとほんのり子供の頃を思い出す、どこか懐かしい味。年末年始や盆休みにはお土産として買って帰る人が殺到するとか。

フローレンス **吉田邦彦さん** ▷ 51

> あんこ、生クリーム、チェリーの絶妙な組み合わせ。

- 🏠 南相馬市原町区本陣区3-1-5
- ☎ 0244-23-2341
- 🌐 http://www.yotsuwari.com/
- ※お取り寄せも可能

岩手 山田町

びはんコーポレーションの すっとぎろーる

青豆・米粉・砂糖・塩で作る岩手県の郷土菓子「豆しとぎ」。山田町はじめ三陸では「すっとぎ」と呼ばれ親しまれている。山田町でスーパーを展開する「びはん」と盛岡市の菓子店「花月堂」がコラボした新商品。

新生やまだ商店街 **椎屋百代さん** ▷ 23

> 青豆の風味と、ホイップクリーム、ふわふわスポンジの相性が絶妙です！

- 🏠 山田町中央町5-6
- ☎ 0120-606-668
- 🌐 http://www.yamadabihan.jp
- ※お取り寄せも可能

福島 南相馬・福島市ほか

もち処木乃幡の 凍天(しみてん)

「アメリカンドックのソーセージがお餅に変身？な、南相馬のソウルフード。炭水化物on炭水化物に最初は驚くけれど、食べだすとこれが止まりません。店頭では「揚げたてちょうだい！」と通を気取りたい」。

東日本大震災復興支援財団 **荒井優さん** ▷ 3

- 🏠 福島市南沢又字清水端61 ☎ 024-555-2588 🌐 http://www.konohata.com/

16	17	18	19
葛巻 徹(くずまき とおる)さん	**厨 勝義(くりや かつよし)さん**	**小林 深吾(こばやし しんご)さん**	**佐々木 信秋(ささき のぶあき)さん**
NPO法人いわて連携復興センター理事・事務局長	ツーリズモ合同会社 代表社員	(社)ピースボート 災害ボランティアセンター プログラムオフィサー	(社)SAVE TAKATA 代表理事
2011年4月にNPOへ転身し、サラリーマンからNPO間やセクター間、県内外等をつなぐ業務に従事。岩手県で活動をする人々のネットワークづくりや情報発信を担う。	2011年3月南三陸町にてボランティアコーディネートを開始。後に移住し、現在までで約3,000人のボランティアを受入れ。2012年からは起業、創業、販路拡大のサポートを行う。	2011年3月に宮城県石巻市に入り、行政や自衛隊、社会福祉協議会、各支援団体との炊き出しなどの調整業務を担った。現在も石巻の街中や仮設住宅、漁村での復興活動に奔走している。	岩手県陸前高田市でまちづくり会社を立ち上げ、地域産業の復興を目指して、商品開発からコワーキングスペースの運営など、地域が抱える問題解決のために活動中。

小島製菓の くるみだれアイス

岩手 釜石市

創業昭和20年、釜石で愛される老舗の和菓子屋が生み出した人気商品。伝統の「練りくるみだれ」を塩アイスにかけ、ローストしたくるみをON。「震災を機に戻ってきた、面白イケメン三代目若旦那『モチキング』が作る絶品お菓子。地元の銘酒浜千鳥の麹を使った酒まんじゅうも絶品！」

復興庁岩手局 柴田亮さん ▷ 26

くるみと餅は、三陸の歴史と文化なのです。

住 釜石市上中島町1-2-38　TEL 0193-23-6376　HP http://kojimaseika.com/

---

cafeはまぐり堂

宮城 石巻市 桃浦蛤浜

「築100年の古民家を改装したカフェ。海を眺めながらコーヒーは最高！」ピースボート 小林深吾さん ▷ 18
「大好きな牡鹿半島らしい青と緑のコントラストが体感できて、ゆったりした時間の流れを感じられる、とってもお気に入りのカフェです。」

つむぎや 友廣裕一さん ▷ 33

名物の鹿カレーが美味しいですよ！

住 石巻市桃浦字蛤浜18　TEL 0225-90-2909
HP http://hamagurihama.com/cafe/

ソーベーズカフェ Sobe's Café

岩手 花巻市

住 花巻市山の神578-4
TEL 0198-24-7107
HP http://cafe.sobe.jp/

マクロビオティックの考えに基づき、オーナー自家栽培の無農薬玄米と地物お野菜、豆、海藻からつくる玄米菜食の料理を提供するお店。「花巻でマクロビレストラン？いや、これが本格的なんです。地産の食材を使ったお料理はすんごくおいしい」。いわて連携復興センター 葛巻徹さん ▷ 16

Cafe&Restaurant Hamayui ハマユイ

岩手 釜石市

住 釜石市東前町20-3
TEL 0193-55-6616
HP http://hamayui.jimdo.com/

「釜石湾の海の目の前にあるビルの2階に上がると、突然現れるシャレオツ空間。特におすすめは、焼きたてのパンの上にとろけたチーズをたっぷり乗せた夢の一皿『ハイジプレート』。そう、アルプスの少女ハイジが食べていた、あれです」。東の食の会 高橋大就さん ▷ 30

---

cafe 桑の実

福島 福島市

住 福島市笹谷字上成出5
TEL 024-563-1310

「障がい者の人たちが働きやすい場所づくりと、居心地の良いカフェスタイルを確立しています。なおかつ、野菜たっぷりのヘルシー料理はすべて手作り！ランチビュッフェが大人気です」。

peach heart 鎌田千瑛美さん ▷ 13

乙女心をくすぐる可愛いカフェです♡

アンカーコーヒー&バル 田中前店

宮城 気仙沼市

住 気仙沼市田中前4-2-1
TEL 0226-24-5955
HP http://www.anchor2fullsail.co.jp/

市内2店舗が被災したアンカーコーヒーが仮設店舗で復活した。仮設店舗とは思えないおしゃれな店内だが、スタッフは気さくでアットホームな雰囲気。夜はバルとしてお酒を楽しめ、地域の人たちが集う店。

ワカツク 渡辺一馬さん ▷ 55

ここの手作り焼きドーナツは何個でも食べ飽きない！子供も大喜びです。

▽まだまだある！皆さんのおすすめ
ベリーズガーデンいつきのブルーベリーアイス（宮城・亘理町）松島宏佑さん ▷43、オーリンクハウスの巨大パフェ（宮城・石巻市雄勝町）油井元太郎さん ▷50
コッコらんのシュークリーム（福島・郡山市）日塔マキさん ▷34、カフェ地球村（宮城・山元町）澁谷直美さん ▷27

20
佐藤 健（さとう けん）さん
NPO法人絆プロジェクト三陸 代表
「今すぐできることを今すぐ形にしていきたい」と被災地で被災者が立ち上げたNPOで、子供・高齢者向けイベントや、事業者向けの勉強会・セミナーなどを開催している。

21
佐藤 尚之（さとう なおゆき）さん
（公社）助けあいジャパン 会長／復興庁政策参与／(株)ツナグ 代表
震災直後に情報支援サイトを立ち上げ、現在は複数の支援プロジェクトの代表を務める。世界35カ国に向けて行った「日本政府からの義援金感謝」新聞広告もディレクション。

22
佐野 哲史（さとう のりひと）さん
（社）復興応援団 代表理事
つなプロ現地本部長、みやぎ連携復興センター事務局長を経て現職。南三陸町を中心に、地元起業家のもとへ約1000人のボランティアを派遣、ファンコミュニティ作りに貢献。

23
椎屋 百代（しいや ももよ）さん
新生やまだ商店街協同組合 事務局長／びはん(株)地域連携推進室長
震災後、観光協会ブログで毎日、山田町の"今"を発信。復興かき小屋、鯨と海の科学館、道の駅やまだ観光案内所の復興情報の発信も。新しい商店街の創出に奔走中。

Recommendation ▶ Marine Products
東北沿岸で買うなら海のもの。

宮城 石巻市
木の屋石巻水産の 金華さばみそ煮
「金華さばは、金華山周辺海域で獲れる大型・高鮮度のサバのみが名乗ることを許されたブランドサバ。昔からこの缶詰の虜です。震災後、2013年12月に待望の復活！騙されたと思って一度食べてみてください」河北新報 八浪英明さん ▶ 45

つむぎや 友廣裕一さん ▶ 33
「新鮮な魚しか使わないこだわり。缶詰の概念が確実に変わる美味しさ！」
☎0120-05-1237 ℡http://kinoya.co.jp/ ※お取り寄せも可能

福島 相馬市
相馬はらがま朝市クラブの 真いか甘酒いか巧漬
県外から仕入れた魚介類の商品化に取り組むNPO法人相馬はらがま朝市クラブが運営する、市内の直売・飲食施設「相馬報徳庵」で販売している。水産業の街・相馬復興への第一歩の商品。

英治出版 原田英治さん ▶ 37 
「甘酒で漬け込んだいかの塩辛です。塩分控え目、だけど美味しくって！」
☎0226-36-3228 ℡http://www.ab.auone-net.jp/~haragama/ ※お取り寄せも可能

岩手 盛岡市
海鮮問屋田清の 北三陸天然わかめ
全国のわかめ水揚げ高のうち3％しかない〈天然〉わかめと、その茎を細く引いた剣山わかめ。肉厚プリップリで、きっとわかめの概念が変わるでしょう。東の食の会 髙橋大就さん ▶ 30
「楽天海草類・魚介類・シーフードランキングで1位の商品です！」ひろの屋 下苧坪之典さん ▶ 25
℡http://kaisendonya-tasei.jp/ ※お取り寄せも可能

宮城 気仙沼市 唐桑半島
森里海工房の 燻製牡蠣の オリーブオイル漬け パスタセット
20年以上前から、豊かな海をつくるために川上流の森に漁師たちが植林を続けてきた、気仙沼・唐桑半島が工房の拠点。豊かな海で養殖した養分たっぷりの牡蠣を、手作りの燻製庫で、宮城県産・国産チップを使って燻したこだわりの品。

ap bank 江良慶介さん ▶ 9
「森と川と人里と海の生態系をつなげる。ブランドに込められた物語が美しい！」
℡http://www.morisatoumi.com/ ※お取り寄せも可能

宮城 石巻市
水月堂物産の ほや酔明
「東北新幹線の開通の時から続いているという、車内販売のおつまみの定番。東北に通うときに何度お世話になったことか。被災されて一時製造中止になっていたけど、2011年11月から製造を再開しました。ものすごくうまい。くせになる」。

助けあいジャパン 佐藤尚之さん ▶ 21
☎0225-97-5225 ℡http://www.suigetsudo.jp/ ※お取り寄せも可能

宮城 南三陸町
マルアラ及川商店の たこわさび
天然アワビを食べて育っているという南三陸特産の水ダコは身が非常に柔らかく、そして新鮮だからこそできる大胆な大粒カット。たこわさの常識を覆す大きさと旨さだ。

リクルートジョブズ 平賀充記さん ▶ 39
"たこわさ革命"のキャッチフレーズにたがわぬ豪快さ。まさにKing of たこわさ！
☎0120-36-3288 ※お取り寄せも可能

---

24 宍戸 慈さん
ラジオパーソナリティ／ピラティスインストラクター
震災直後、郡山コミュニティFMの24時間緊急生放送を担当。原発事故の影響が残るウクライナを視察、講演会やラジオで、これからの暮らし・生きかたを考えるきっかけを提供。

25 下苧坪 之典さん
北三陸世界ブランドプロジェクト実行委員会委員長／(株)ひろの屋 代表取締役
北三陸地域だからこそできる水産業で地域の活性化を目指す「北三陸世界ブランドプロジェクト」を立ち上げ、国内外と連携。三陸地域の成功モデルケース作りに奮闘中。

26 柴田 亮さん
復興庁岩手県政策調査官／(株)経営共創基盤プリンシパル／(社)JEBDAフェロー
岩手県北バスグループ、福島交通観光グループと共にツーリズムによる復興を手掛ける。地域外企業とマッチングして営業向上を図る「結の場プロジェクト」の事務局も担う。

27 澁谷 直美さん
NPO法人ガーネットみやぎ 理事長
震災直後は支援物資やボランティアの受入れなどを行う。現在は「住民が助け合えるコミュニティ創り」やニーズのマッチングを行い、自立を促す「小さな復興」をプロデュース。

養殖体験ツアーも始めましたので、遊びに来てね。
たみこさん

福島 いわき市
貴千の ボーノ棒
老舗かまぼこ店が生み出した斬新な商品。「かまぼこなのに、イタリアン！味はイカ＆ペッパー、スモークサーモン、バジルチキンの3種類。ちょっとした贈り物に、いつも喜ばれます。もう1つ、小名浜の漁師料理であるさんまのぽーぽー焼きを蒲鉾で再現した商品もあって、これも大好き」。peach heart 鎌田千瑛美さん ▷13
☎0246-55-7005　http://www.komatsuya3rd.com/　※お取り寄せも可能

宮城 南三陸町
海産物の宅配便 たみこの海パック
わかめ養殖家の妻として毎日浜で働いていたが、震災後海が怖くなってしまったという阿部民子さんが一念発起して始めた宅配事業。「季節ごとの三陸のうまいものを、たみこさんが厳選して送ってくれる。おすすめなのはワカメをはじめとした種類豊富な海草類です」。
ツーリズモ 厨勝義さん ▷17 
季節によってはアワビなど生きたまま届けてくれます！
本吉郡南三陸町戸倉長清水9-3　☎0226-46-9661　http://www.tamipack.jp/

岩手 宮古〜大槌あたり
新巻鮭
三陸の保存食文化であり冬の風物詩。冷たい風で塩漬けした鮭を乾かすことで身が引き締まり、アミノ酸が増えて旨味が出る。宮古市を始め、11月11日の鮭の日（鮭という漢字が魚へんに「十一十一」と書くことから）には、学校給食で鮭料理が出たりさまざまなイベントも行われる。 
いわて連携復興センター 葛巻徹さん ▷16
うまみが凝縮された新巻鮭はサイコー！

岩手 山田町
三陸味処三五七の 山田のおみごと
山田湾で採れたあかもく（ギバサ）の佃煮。青じそ、味噌南蛮風味もある。ギバサは非常に栄養価が高い海藻です。この佃煮は風味豊かでありながら、さっぱりした後味が美味しい。ご飯がすすみます！
東の食の会 高橋大就さん ▷30 
ギバサはダイエットや便秘解消にも最適なんですよ。
☎0193-82-3510　http://www.yamada-michinoeki.com/　※お取り寄せも可能

岩手 釜石市
ヤマキイチ商店の 泳ぐホタテ
「耳をすますとガサゴソと音が聞こえ、まだ海水の中で泳いでいる。本当に活きのいいホタテがご家庭に届くんです。お子様の食育にもいいと思います」。
復興庁岩手局 柴田亮介さん ▷26 
冷凍ものとは次元が違う甘さです！
☎0120-26-5749　http://www.yamakiichi.com/　※お取り寄せも可能

▽まだまだある！皆さんのおすすめ
ヤマホンベイフーズのさんま黒酢煮（宮城・女川町）膳場貴子さん▷28、道の駅やまだの雨ノ日風ノ日毛帆立ヒモ（岩手・山田町）椎原百代さん▷23
丸一水産のイカ餃子（岩手・山田町）臂徹さん▷38、NPO法人そうまグリーンアークのどんこボール（福島・相馬市）支倉文江さん▷36、江良慶介さん▷9
ヤマヨ水産の生牡蠣（宮城・気仙沼市大島）原田英治さん▷37、卸鮮魚店・森食品の魚（岩手・大船渡市）山村友幸さん▷48

---

28 膳場 貴子さん
キャスター TBS「NEWS23」
震災直後から現在に至るまで被災地各地に足を運び、取材を行う。現場が直面する課題や復興の進度、生活環境などを全国に伝えるため、丁寧な取材を積み重ねている。

29 高橋 歩さん
NPO法人オンザロード 理事長／作家／自由人
石巻市にボランティアビレッジを開設し、震災直後から現在まで2万人を超える者を受け入れている。オンラインショップ石巻ял気仙麻店運営や、福島での除染活動、インドパーク建設も。

30 高橋 大就さん
（社）東の食の会 事務局代表
食関連企業40社が集まり、「食の産業復興」のプラットフォームとなる団体を設立。商品の販路開拓、商品プロデュース、水産業の担い手作りなどの事業に取り組み、尽力する。

31 多田 一彦さん
NPO法人遠野まごころネット 代表
被災地に近い内陸の地の利を生かし、震災直後から避難所マップの作成、ボランティアの受入れなどで沿岸部を支援。まちづくりのため"一歩下がった支援"を続けている。

Recommendation ▶ Back Order of Tohoku Producrs
お取り寄せしたい東北の美味

若松味噌醤油店の 相馬田舎味噌　【福島 南相馬市】

「東北に数多くある美味しい味噌の中で、おすすめは南相馬で創業150年の若松味噌。ほっこりする田舎の味です。南相馬の子供の未来をつなぎたいと、避難せずしっかり検査して味噌づくりを続ける若旦那の心意気にも惚れます。そして実は、ここの甘酒がめちゃめちゃうまい」。長谷川琢也さん▷4

住 南相馬市鹿島区鹿島字江町181
TEL 0244-46-2016
URL http://wakamatsu-miso.jp/　※お取り寄せも可能

京工房の 万能だれ　【宮城 山元町】

元は夫婦で農業を営んでおり、現在仮設住宅に暮らす京子さんの手作り調味料。「京子さんが作る「万能だれ」や「南蛮味噌」はリピーターも多く大好評です。亘理町逢隈の直売所直々で購入できます。京子さんご夫妻の夢は、また家と加工場を再建することです」。
ガーネットみやぎ 澁谷直美さん▷27

> 無添加手作りの美味しい調味料。野菜も手ですり下ろしてます！

住 亘理郡山元町高瀬字合戦原100（合戦原地区1仮設店舗内）
TEL 0223-37-2089　※お取り寄せも可能

マルセンファームの トマトジュース　【宮城 大崎市鹿島台】

糖度8〜9度（普通のトマトは4〜5度）のフルーツトマト「トマトクィーン」を、樹上でじっくり完熟させ、収穫後すぐに搾った100%無添加ジュース「あかい実りの贅沢しぼり」。自家堆肥と有機質肥料を使用し土づくりにもこだわっている。
umari 古田秘馬さん▷41

> 超濃厚ながら、甘さもたっぷりある、最強トマトジュース。

住 大崎市鹿島台大迫字上志田350
TEL 0229-56-5269
URL http://www.m-farm.jp/web/　※お取り寄せも可能

小野花匠園の はるちゃんトマト　【宮城 南三陸町】

若き農業起業家・小野さんが化学肥料を使わず自家製の有機質肥料で丹誠込めてつくる完熟トマト。注文すると、発送日の朝に収穫したものを直送してくれる。「そのままがぶりつく、もしくは荒くつぶしてトマトジュースに。懐かしく濃いトマト本来のおいしさ満点！」リクルートジョブズ 平賀充記さん▷39

住 本吉郡南三陸町歌津字中在66
TEL 0226-36-3711
URL http://onokashouen.com/　※お取り寄せも可能

石神食品の からみ漬け　【福島 南相馬市】

石神食品は創業80年。国産の原料にこだわり、生産から加工まで全て手作り。からみ漬けには素材の大根自体の甘味・旨味がしっかり感じられる。「大根を辛めに漬けたこの漬け物があれば、それだけでご飯をおかわりしてしまいます」。
glowcal 伊藤孝介さん▷4

住 南相馬市原町区馬場字下中内250-2
TEL 0244-22-8735
URL http://www.ishigami-shokuhin.com/　※お取り寄せも可能

ささき牛乳の 牛乳　【福島 福島市】

牛の飼育から搾乳、処理、宅配まですべて自前。牛乳本来の美味しさにこだわり「低温保持殺菌法」で1日限定約400本を生産している。試飲も可能。「市内唯一の酪農家『ささき牛乳』。愛を持って育てられた牛から搾られた乳の香りと甘さ。豊かな大地の恵みを実感できます」。
東日本大震災復興支援財団 荒井優さん▷3

住 福島市佐原字入左原50-1
TEL 024-593-2811
URL http://www.moo23.com/
※お取り寄せも可能

Three Peaks Wineryの 米崎りんご　【岩手 陸前高田市】

「大船渡から世界に発信できる文化を創りたい」と震災後に誕生したワイナリーで育てられているこだわりのりんご。県内で最も古い、120年の歴史がある米崎りんご。種類も豊富で糖度も高く、密かに全国にファンを持つ歴史ある文化なんです」。
及川武宏さん▷10

住 大船渡市盛町字沢川16-24
URL http://3peaks-winery.com/　※お取り寄せも可能

あんざい果樹園の 桃　【福島 福島市】

福島市フルーツライン沿いの果樹園。「本当に美しい果樹園で、最高に素敵なお父さんの手で作られる桃。次の秋が待ち遠しい...」。
ハーバード大学院 山崎繭加さん▷47
「安齋一壽さんがつくる季節ごとの果物、桃、なし、りんご、ルレクチェはどれも絶品で本当に美味しいです」。
世界連邦運動協会 木戸寛孝さん▷14

> お世話になった方への贈り物にも最高です。

住 福島市町庭坂字原ノ内14
TEL 024-591-1064
URL http://www.ankaju.com/　※お取り寄せも可能

32　丹波 史紀（たんば ふみのり）さん
福島大学 准教授
ふくしま連携復興センター 代表理事

被災自治体と連携し、「双葉8町村住民実態調査」を実施。さらに、浪江町・大熊町・双葉町の復興計画策定に協力すると共に、「ふくしま連携復興センター」にも設立時より参画。

33　友廣 裕一（ともひろ ゆういち）さん
(社)つむぎや
代表

牡鹿半島にて、浜のお母さんたちが作る弁当屋「ぽぽろ食堂」、鹿の角のアクセサリー「OCICA」などのプロデュースを手掛け、地元産業の新たな魅力を創出中だ。

34　日塔 マキ（にっとう まき）さん
女子の暮らしの研究所
代表

研究員およそ25名と「暮らしの見直し」をテーマに情報発信中。「Re:trip〜ふくしまの『これから』を考える旅〜」のプロデュースや会津木綿を使ったピアスを販売などを手掛ける。

35　長谷川 琢也（はせがわ たくや）さん
ヤフー（株）社長室・ソーシャルアクション室・復興支援室

ネット上に「復興デパートメント」を立ち上げ、岩手県、宮城県、福島県の商品のPRを行う。2012年7月より、自身も移住し、石巻市に「ヤフー石巻復興ベース」を設立。

岩手 大槌町→盛岡市

赤武酒造の浜娘

明治29年創業。看板商品の純米酒「浜娘」は、古くから愛されてきた大槌町の地酒。震災により蔵は全壊したが、ファンの声と多くの支援により盛岡市で製造再開。キャッチフレーズは「がっつらうまい酒」。大槌での蔵の再建を夢見ながら酒造りを続ける。

おらが大槌夢広場 臂 徹さん ▶38

> さすがは浜の娘！じゃじゃ馬ともいえるその味わいは、飲んだ男を虜にする…

- 盛岡市北飯岡1-8-60（復活蔵）
- 019-681-8895
- http://www.akabu1.com/　※お取り寄せも可能

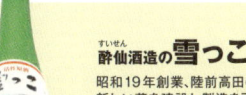

岩手 陸前高田市→大船渡市

酔仙酒造の雪っこ

昭和19年創業、陸前高田市の酒造。被災したが大船渡に新しい蔵を建設し製造を再開した。昭和45年から発売開始の「雪っこ」は、とろりとした甘口の活性原酒（酵母や酵素が生きたままの原酒）。「すごく好きです。アルコールが苦手なスペイン人の女友達も気に入ったお酒です」。

支倉プログラム レナータ・ピアッツァさん ▶54

> 毎年10月から4月までしか販売しない、期間限定のお酒です！

- 大船渡市猪川町字久名畑136-1（大船渡蔵）
- 0192-47-4130
- http://suisenshuzo.jp/　※お取り寄せも可能

宮城 石巻市

平考酒造の日高見

文久元年（1861年）創業の老舗。被災するも蔵を修復・進化させ、多くの応援に品質の向上をもって応えたいと奮闘中。「日高見を買うならおすすめは石巻の酒屋、四金商店。日高見以外のお酒も、食事にあわせてご主人が丁寧に教えてくれます」。

ピースボート 小林深吾さん ▶18

> 石巻で生まれた地酒。魚介類とあわせると最高！

- 石巻市清水町1-5-3（平孝酒造）　0225-22-0161
- 石巻市穀町2-17（四金商店）　0225-96-0188
- http://www.shikamashoten.com/　※お取り寄せも可能

宮城 大崎市 三本木

新澤醸造店の伯楽星

「震災で全壊しながらも川崎町に酒蔵を移し、新しい設備を建設して生産を再開。純米大吟醸、純米吟醸、純米酒どれをとっても品があり飲み口爽やかです。食べ物を邪魔せず美味しく引き立てる『いち押し』のお酒。仙台市内でも売っている酒店を探すのは一苦労です」。

河北新報 八浪 英明さん ▶45

> 「究極の食中酒」。JALのファーストクラスでも採用された名酒です。

- 大崎市三本木北町63
- 0229-52-3002　※各種サイトでお取り寄せ可能

福島 双葉町→いわき市

冨沢酒造の白冨士

江戸時代から300年続く双葉町の老舗。避難の中必死で持ち出し、奇跡的に生きていた酵母で酒造りを再開。現在アメリカでの再出発を目指している。「酒造の次世代を担う冨沢守さんと真理ちゃんは、この逆境の中にあってもなお諦めることなく、受け継いできた伝統を守り未来へ活かしていくため魂を込めたお酒をつくっています」。

世界連邦運動協会 木戸寛孝さん ▶14

- いわき市平高月1
- http://shirafuji-sake.com/　※お取り寄せも可能

東北のお買い物はECポータルサイトが便利！

東北には、震災にも負けずこだわりのものづくりをしている作り手がたくさん。もちろん現地を訪れてくれたら嬉しいけど、お取り寄せ・通販での「買って応援」も復興の大きな力になる。そんな時、地域やグループで開設している地場販売のポータルサイトが便利だ。応援というより「美味しいからまた買っちゃう」、そんなファンが増えることを願って。

Yahooのショッピングサイト「復興デパートメント」は、扱うエリアも広く、地域ごとのポータルサイトとのリンクも充実している。

▽まだまだある！皆さんのおすすめ

田伝むしのおこげ煎餅（宮城・石巻市）佐藤尚之さん ▶21、GRAのミガキイチゴ（宮城・山元町）山崎麻加さん ▶47、古田秘馬さん ▶41、バンザイファクトリーの椿マーメイドパスタ（岩手・陸前高田市）及川武宏さん ▶10、金鳳亭の金婚漬け（岩手・花巻市）葛巻徹さん ▶16、ベアレン醸造所のビール、ベアレンクラシック（岩手・盛岡市）臂徹さん ▶38、新澤造店の超濃厚ジャージーヨーグルト（宮城・南三陸町）平賀充記さん ▶39、一苺一笑の仙台いちご（宮城・山元町）追谷直美さん ▶27

---

36 支倉 文江（はせくら ふみえ）さん

福島交通観光（株）営業企画部 営業企画課 福島地域づくり担当

人と人、地域と地域を繋ぐ「架け橋」になろうと、「ふくしま復興かけはしツアー」をプロデュース。2013年1～11月の間に、相馬市や浪江町などを訪れるツアーを計6回開催。

37 原田 英治（はらだ えいじ）さん

英治出版（株）代表取締役

2011年4月、被災者に向けて身近で実践可能なストレスケアの指針をまとめた小冊子「災害時のこころのケア」を作成。書店・NPO団体経由で東北を中心に10万部を配布。

38 臂 徹（ひじ とおる）さん

（株）Next Cabinet IWATE 取締役専務 おらが大槌夢広場 理事・事務局長

建設コンサルタントとして岩手県大槌町の復興計画策定業務に参画。住民主体のまちづくりを目指し、復興に資するさまざまなプロジェクトの立案から運営まで取り組む。

39 平賀 充記（ひらが あつのり）さん

（株）リクルートジョブズ ジョブズリサーチセンター センター長

2012年、初のボランティアで南三陸の雇用創出農家に激しく共感、定期的に現地へ。「復興支援サイト助けあいジャパン」のサポート、通販リコメンド「買って応援大使」を担当。

買

Recommendation ▶ Goods&Items

想いが詰まった**グッズ&アイテム**

宮城 石巻市

結日丸の funade キャップ

昔から、漁師が船を造った際に友人知人から贈られ、進水式の船出を飾ってきた大漁旗。震災後、ボランティアに来た若者らが大量に譲り受けた大漁旗を再生させ、地元のお母さんたちと共に、日本古来の染めの色彩を活かしたさまざまなファッションアイテムを制作している。

オンザロード 高橋歩さん ▷ 29

> 漁師の熱い想いと誇らしさを感じる帽子。この可愛さとインパクトはやばいっしょ！

🏠 石巻市中央1-4-3, funade studio（ショップ）
☎ 0225-98-8683
🌐 http://funade311.com/　※通販あり

岩手 大槌町

大槌復興刺し子プロジェクト の刺し子グッズ

「日本の民芸技法のひとつである「刺し子」を活用したプロジェクト。地元の女性たちによって刺繍を施されたTシャツやクロスなどの小物が展開されています。いつか「大槌刺し子」がひとつのブランドになりますように！」
greenz 小野裕之さん ▷ 12

🌐 http://tomotsuna.jp/　※通販あり

宮城 気仙沼市

GANBAAREの 帆布バッグ

「帆布をベースにした、センスの光るバッグや小物の大ファンです。デザインから縫製まで、細かいところまで行き届いたクオリティにも感激。店舗にお邪魔するとお母さん方が笑顔で迎えてくださり、家に帰ってきたようなほっこりとした気持ちになれます」。

キャスター 膳場貴子さん ▷ 28

> 使い勝手のいいトートバッグは仕事シーンでも使えます。

🏠 気仙沼市岩月宝ケ沢17-1（Gallery 縁）
☎ 0226-27-4901
🌐 http://www.ganbaare.jp/　※通販あり

福島 福島市

女子の暮らしの研究所の ふくいろピアス

「福島に暮らす普通の女の子たちの想いに耳を傾けて」。そんな想いで出来たピアスには、伝統工芸品の会津木綿を活かした模様が。「普段の生活でそばに置いて、時おり遠くで泣いたり笑ったり頑張っている大切な人たちに思いを馳せてください」。
ヤフー 長谷川琢也さん ▷ 35
peach heart 鎌田ちえみさん ▷ 13

> カラーと形の組み合わせで、自分らしいオシャレが楽しめます♪

🌐 http://fukuiro.com/　※通販あり

宮城 荒浜地区ほか

東北コットンプロジェクトの タオル、デニム、シャツなど

津波の塩害で稲が育たなくなった土地に、塩分に強い綿を植えてみようとアパレル会社などが集まって始めたプロジェクト。協賛は70社以上、綿生産、紡績、商品企画、販売など繊維業界を中心に異業種が手を結んで商品を生み出している。

ap bank 江良慶介さん ▷ 9

> ワタの種を植えるところから、気持ちとストーリーがつながっている、丁寧なモノづくり。

🌐 http://www.tohokucotton.com/　※通販あり

宮城 石巻市 雄勝町

雄勝硯生産販売協同組合の 硯のお皿

黒色で光沢がある硬質粘板岩、雄勝石。東京駅舎の屋根にも使われており、硯は伊達政宗にも献上された名品。「日本の9割のシェアを誇る硯の産地、雄勝。書道の硯はもちろん、箸置きやモダンなお皿、マウスパッドにまで加工して販売していて人気なんですよ」。sweet treat 311 油井元太郎さん ▷ 50

🏠 石巻市雄勝町伊勢畑84-1（おがつ店こ屋街内）
☎ 0225-57-2632
🌐 http://www.ogatsu-suzuri.jp/

---

40 古田 敦也さん
スポーツキャスター／NPO法人みらいふくしま 副理事長

東北各地での野球教室開催から、トライアスロン挑戦で復興支援団体への活動資金調達などを行ってきた。2013年10月よりNPOの副理事長として福島の子供支援活動も開始。

41 古田 秘馬さん
(株)umari 代表／プロジェクトデザイナー

「丸の内大学」、「六本木農園」などを手がける。東北の農業経営者と東京のビジネスプロデューサーを繋ぎ、東北から新しい農業のカタチを産みだすプロジェクトを立ち上げる。

42 堀 義人さん
グロービス経営大学院 学長／(財)KIBOW 代表理事

震災直後にKIBOWを立ち上げ。地域住民が自分達で発表と投票を行つた企画に対して直接支援金を贈り、かつ互いに繋がり高め合う仕組みの形成を行っている。

43 松島 宏佑さん
(社)ふらっとーほく 代表理事

宮城県白石市出身、実家の被災をきっかけに活動を開始。宮城県亘理町にて「わたりグリーンベルトプロジェクト」立ち上げるなど、防災林再生を中心に住民主体で活動中。

宮城 亘理町
WATALISの FUGURO（ふぐろ）
かつて感謝の品を着物で作った布袋に入れて贈っていた、亘理の風習を受け継いだ、WATALISオリジナル。「地元のお母さんたちが縫っているひとつひとつがオリジナル。譲り受けた古布を再利用しているため、ひとつひとつがオリジナル。地元のお母さんたちが縫っている巾着袋。カラフルな布地を組み合わせていて、とても素敵です」。

ふらっとーほく 松島宏佑さん ▷43
郷土土産にもとても喜ばれる一品です！

※通販あり
http://watalis.jimdo.com/

宮城 石巻市 牡鹿半島
OCICA（オシカ）のネックレス、ピアス
鹿が群生する牡鹿半島ならではの素材・鹿の角と、漁師町ならではの漁網の補修糸でつくられたチャーム。浜のお母さんたちが一つひとつ、角を磨くところから丁寧に作っている。地元の米袋を縫った手作りのパッケージも素敵。

greenz 小野裕之さん ▷12
ドリームキャッチャーのような形が印象的。僕の周りにも愛用者多数！

※通販あり
http://www.ocica.jp/

福島 会津坂下町
IIE（イー）の会津木綿ストール
地域の伝統ある素材、会津木綿をモダンにデザインした商品を展開。一年じゅう使え、使うほどに柔らか。県内の仮設住宅や地元の障がい者授産施設などで製作。「避難を余儀なくされた大熊町、楢葉町の女性たちも製作に参加するなど、被災された方の仕事づくりにも取り組んでいます」。

福島大学准教授 丹波史紀さん ▷32
ストールは種類がとっても豊富でお気に入りです。

☎0242-23-7760　http://iie-aizu.jp/　※通販あり

宮城 石巻市
石巻工房の家具
石巻工房は、自立復興を目指す「地域のものづくりの場」として2011年6月に誕生。デザインの力で可能性を広げるDIYメーカーであり、またさまざまなワークショップを行う地域の学び場をつくる。「地元だけでなく関東でも人気の家具シリーズ！クオリティが高い！」

umari 古田秘馬さん ▷41
☎石巻市中央2-10-21 ☎0225-25-4893 http://ishinomaki-lab.org/
※通販あり

福島 浪江町 大堀地区
大堀相馬焼の湯呑み、マグ
浪江町の大堀地区名産の歴史深い焼物。原発事故からの避難で、二本松市に「陶芸の杜 おおぼり 二本松工房」をオープンした。製品の販売はもちろん陶芸教室も。「馬の絵柄とヒビ割れのようなデザインが特徴の大堀相馬焼きは渋さ満点！湯のみとマグで使っています」。

glowcal 伊藤孝介さん ▷4
☎二本松市小沢字原115-25
☎0243-24-8812
http://www.somayaki.or.jp/

宮城 女川町
みなとまちセラミカ工房の 女川スペインタイル
震災後、あるスペインの港町が女川に似ているということで交流が始まり、タイル作りを学んだ地元の女性たちが、陶芸と絵付けを体験できる工房をオープン。町の公共施設や飲食店、宿などでも使われている。「カラフルで美しいスペインタイルは見ているだけで元気になります。お土産としてもおすすめです！」

グロービス 堀義人さん ▷42
☎牡鹿郡女川町浦宿浜字十二神60-3-12（きぼうのかね商店街）
☎0225-98-7866
http://www.ceramika-onagawa.com/

母ちゃんたちの力が光る！ 手仕事プロダクトに注目
漁場や加工工場が被災するなどの理由で仕事ができなくなったお母さんたちが、「何かしなくちゃ」と立ち上がり、各地で続々と生まれていった多くの手仕事プロダクト。地域に昔から伝わる伝統工芸だったり、プロのデザイナーがサポートした新製品だったり、形はさまざまだが、同じなのは、働き者で愛情深いお母さんたちの想いが一つひとつに込められているということ。ぜひあなたの手にも！
岩手県大船渡市のお母さんたちが作る、浜のミサンガ「環（たまき）」。津波から1ヵ月後の浜でわずか3人のお母さんから始まり、ピーク時で300人近くが手仕事に携わった。

▽まだまだある！皆さんのおすすめ
福来旗（ふらいき）／宮城・気仙沼市 毛利直俊さん ▷44、カホン工房Arcoのカホン（宮城・石巻市）長谷川琢也さん ▷35、yes工房のオクトパスくんグッズ（宮城・南三陸町）山内明美さん ▷46

瓦Re:KEY HOLDER（岩手・陸前高田市）佐々木 信秋さん ▷19、工房 爽の白磁（福島・会津美里町）宍戸慈さん ▷24、関美工堂（b Prese）の会津塗（福島・会津若松市）木戸寛孝さん ▷14

---

44 毛利 直俊さん（もうり なおとし）
(株)JTB コーポレートセールス 霞が関第一事業部 チーフプロデューサー
2012年に関東の東北復興支援担当として仙台に駐在。2013年には東京に戻り、旅を通じて東北の復興・被災地交流の拡大を支援するような企画をプロデュースしている。

45 八浪 英明さん（やなみ ひであき）
(株)河北新報社 編集局 デジタル編集部長
震災後、学生らと「情報ボランティア＠仙台」を立ち上げブログで発信。現在は「記者と駆けるインターン」も展開し、取材や執筆のノウハウを指南。学生の記事を新聞紙面に掲載する取り組みも。

46 山内 明美さん（やまうち あけみ）
大正大学 人間学部 特命准教授／NPO法人東北開墾 理事
2012年より宮城大学南三陸復興ステーションでのお活動。現在は東京と南三陸を往復しながら、都市と地方を繋ぐ、新しいコミュニティ創出について考え、次の道を開拓する。

47 山崎 繭加さん（やまざき まゆか）
ハーバード・ビジネス・スクール 日本リサーチ・センター
「東北復興新聞」にて寄稿中。取材で見えた復興の現状をまとめ、日本内外の学生に向けて授業を行ったり、復興をテーマにした来日プログラムのアレンジなどを手がける。

観見 来て見て体験して！観光スポット
Recommendation ▶ Sight-Seeing Areas

岩手 八幡平市
安比～八幡平～岩手山 50kmトレイル

安比高原～八幡平～岩手山と、総距離50kmにもなる、全踏破には4日必要なロングトレイル。深い森、荘厳な湖沼群、雲の上の景色を味わいながら、最後は岩手県最高峰・岩手山へ。「国内外、数多くのロングトレイルを歩いてきたが、このトレイルは間違いなくワールドクラス！秘境を味わいたければ、福島県側の尾瀬湿原がおすすめです」。

執筆家・ハイカー 四角大輔さん ▶52

4日間、素晴らしい景色に何度も泣いた！

☎0195-78-3500（八幡平市観光協会）

岩手 宮古市
浄土ヶ浜 三陸復興国立公園 （陸中海岸公園）

「この絶景を見た曹洞宗の霊鏡竜湖和尚は「さながら極楽浄土のごとし」と声を震わせたといいます。全く同感です。息をのむ神々しさと美しさを兼ね備えています。日本ジオパークにも認定された、注目度急上昇の景勝地にぜひ皆様も足を運んでいただきたい」。

弁護士 岡本正さん ▶11

昼間が素晴らしいのはもちろん、月夜の海岸を散策するのも一興。

「おすすめは遊覧船。白い岩肌と緑の松のコントラストを眺めながら、ウミネコにパンを餌付け。子供も大人も大満足！」東の食の会 高橋大就さん ▶30

☎0193-62-1179（レストハウス） ☎0193-65-1690（ビジターセンター）
☎0193-62-3350（遊覧船）

福島 裏磐梯
五色沼（ごしきぬま）

「会津磐梯山の噴火によってできた大小さまざまな沼が、コバルト・青・エメラルドグリーンとそれぞれに色を映し出します。季節や天気、時間帯によっても変化する水面の色、散策コースやボートの上で聞こえる小鳥の鳴き声や、鼻をかすめる木々の香り…。五感をフルに働かせて体いっぱいに感じてください！」

ラジオパーソナリティ 宍戸慈さん ▶24

自然の美しさと小鳥の声、木々の香りに癒されます…

☎0241-32-2349（裏磐梯観光協会）

岩手 田野畑村
北山崎サッパ船 アドベンチャーズ

北山崎は、日本交通公社の観光資源評価で国内唯一の最高評価「特A級」に認定された日本一の海岸美。ウニ漁やアワビ漁に使う小型の磯舟「サッパ船」に乗って、漁師によるガイドを聞きながら、北山崎の200mの断崖を仰ぎ見る観光ツアー。洞窟や岩穴をくぐり抜けていくのはスリル満点。

ひろの屋 下苧坪之典さん ▶25

迫力満点！冒険心をくすぐられる磯船でのクルージング！

☎下閉伊郡田野畑村北山129-10
☎0194-37-1211
🔗 http://www.tanohata-taiken.jp/

福島 福島市
福島市 民家園

広い園内には江戸中期～明治中期時代の県北地方の民家、芝居小屋、料亭などが移築復原されている。年中行事の再現や、機織りなどの体験も。「福島の先人たちの知恵が継承されている民家園。藁葺き屋根の民家を巡りながら、昔と今の生活を見事に橋渡しする小冊子「板木」をぜひ読んでみてください」。

東日本大震災復興支援財団 荒井優さん ▶3

☎福島市上名倉字大石前地内（あづま総合運動公園内）
☎024-593-5249
🔗 http://minka-en.com/

---

48 山村 友幸さん（やまむら ともゆき）
（株）NEXtCHANGE 代表取締役
三陸魚文化研究所 所長

震災から2年間、「気仙広域環境未来都市」に携わり、コーディネーターを務める。主に医療福祉介護分野を担当。現在は、毎月三陸を訪れ、魚文化について研究に勤しむ。

49 山本 啓一朗さん（やまもと けいいちろう）
復興庁 宮城復興局・政策調査官
（社）プロジェクト結コンソーシアム 理事

持続的に発展し続ける地域経済の実現を目指し、経営課題の解決や経営力の強化を推進。震災直後より、石巻市を中心に遊びと学びを通じた子供たちの心のケアを展開。

50 油井 元太郎さん（ゆい げんたろう）
（公社）sweet treat 311
理事

石巻市雄勝町にて放課後に学習指導を行うアフタースクールや農林漁業体験の体験プログラムなどの教育支援を行う。廃校を宿泊もできる「学び舎」に再生する活動も。

51 吉田 邦彦さん（よしだ くにひこ）
NPO法人フローレンス
被災地支援事業部 サブマネージャー

放射能の影響によりなかなか外で遊べない福島県の子供たちが、身体を使って思いっきり遊べるようにとつくられた屋内公園「ふくしまインドアパーク」の運営を担当。

> 夏はひまわりだよ

宮城 大崎市

三本木の「ひまわりの丘」

昭和62年から本格的な整備が始まった「ひまわりの丘」。シーズン中は特産品の販売も行われ、毎年多くの人々が訪れる。菜の花の見ごろは4月下旬から。6ヘクタールの広大な斜面に、春は200万本の菜の花、夏は42万本のひまわりが咲きます。花は人の心を癒してくれるものなんですね。

ヤフー 長谷川琢也さん ▷ 35

説明はいりません。とにかく行ってみて欲しい場所。

宮城県大崎市三本木斉田地区 ☎0229-52-5836（大崎市三本木総合支所）
http://www.city.osaki.miyagi.jp/

岩手 陸前高田

普門寺（ふもんじ）

境内のサルスベリは県内最大木として有名。「浸水した高田町から少し山を登ったところにある名刹」。ひっそりとしていますが、巨木に導かれる参道はなかなか見ることができない規模です。陸前高田市で亡くなられた方を祀ったお地蔵さんがあるので、いらした方は是非手を合わせてくださいね。

三陸魚文化研究所 山村友幸さん ▷ 48

陸前高田市米崎町字地竹沢181
☎0192-55-2034
http://fumonji.e-tera.jp/

宮城 南三陸町 歌津泊浜

金比羅丸の「手ぶらでフィッシング」

朝日や夕日を見ながら、穏やかな湾内で漁船に乗って釣り体験。「金比羅丸の髙橋直哉さんが始めた、ブルーツーリズム第一弾。家族連れなど、釣り初心者対象のプログラムです。本当に手ぶらで大丈夫。竿も長靴も全部揃って、2時間半で1人4000円〜！」

復興応援団 佐野哲史さん ▷ 22

三陸屈指のイケメン漁師さんと行く、ブルーツーリズム！

本吉郡南三陸町歌津字泊浜 ☎080-8210-6262
http://konpiramaru.main.jp/

「三陸ひとつなぎ自然学校」、「うみくらし大使館SUNRING」など、漁師体験は他にも各地で開催。何と言っても醍醐味は、自分でとったばかりの魚介類をその場で食べられること！食堂とはまた違う、格別の味がするはず。

福島 福島市

花見山（はなみやま）

春には数種類の桜に加え、ウメ、ハナモモ、モクレンなどの花々が一斉に咲き競う花見山は、昭和10年頃から父子二代が山を切り開き、木を植え続け、散策路を整備し、昭和34年に一般開放したもの。「東北の桃源郷」とまで称される花見山の美しさには、ここをつくり、一貫して無料で開放され、先日亡くなられた阿部さんの心意気が感じられます。福島大学准教授 丹波史紀さん ▷ 32

福島市渡利地区
☎024-522-3265（福島市観光案内所）
http://www.hanamiyama.net/

震災の爪痕、そして復興のリアルを見に行こう

「被災した場所も見たいけれど、観光するなんて申し訳ない気がして…」。そう遠慮する人もいるかもしれないが、そんなことはない。東北を訪れたらぜひ沿岸部へ足を運んで、津波の高さや被害の大きさを物語る風景を見てほしい。震災遺構（震災によって損壊した建物や打ち上げられた船など）を訪ねるのも、時間があれば各地でさまざまな団体が行っている「語り部ガイド」から話を聞くのもおすすめ。1日ツアーや、語り部タクシーというのもある。震災の甚大さを学ぶことは、復興の息吹の素晴らしさを実感することにもきっとつながるはずだ。

「沿岸部をまわるなら、バス高速輸送システム「BRT」と地元バスネットワークがおすすめ。ぜひ車窓から震災遺構を目に焼き付けてください」。
弁護士 岡本正さん ▷ 11

「陸前高田を訪れたら、「奇跡の一本松」にも是非立ち寄ってください！」
SAVE TAKATA
佐々木信秋さん ▷ 19

▽まだまだある！皆さんのおすすめ
新山高原＆ウィンドファーム（岩手・大槌町）臂徹さん ▷ 38、吉里吉里の自然（岩手・大槌町）堀義人さん ▷ 42、慶長使節船ミュージアム＝サンファン館（宮城・石巻市）八浪英明さん ▷ 45
志津川高校正門前の桜（宮城・南三陸）佐藤尚之さん ▷ 21、気仙沼の港（宮城・気仙沼）臼井太朗さん ▷ 8、ゆりあげ港朝市（宮城・名取市）江良慶介さん ▷ 9
蓮笑庵 くらしの学校（福島・田村市）鎌田千瑛美さん ▷ 13、UDOK.（福島・いわき市）小野裕之さん ▷ 12、CLUB NEO（福島・福島市）USAさん ▷ 7

52 四角 大輔（よすみ だいすけ）さん
Lake Edge Nomad Inc. 代表
執筆家／アーティストプロデューサー
ニュージーランドと東京を拠点に活動しロングトレイルを歩き続ける。震災直後にパソコンの寄付活動を行い、東北の山を歩いては魅力を発信。著書に『自由であり続けるために20代で捨てるべき50のこと』。

53 龍治 玲奈（りゅうじ れな）さん
日本マイクロソフト（株）
渉外・社会貢献課長
ITを担う会社として、震災直後から災害ボランティアセンターへのパソコン支援をNPOと連携。その後も、復興に携わるNPOとの協働を通して東北三県において人々のエンパワメントに繋がる活動を展開。

54 レナータ・ビアッツァさん
NPO法人支倉プログラム 代表
震災3カ月後、バルセロナから気仙沼に入り、活動を開始。集の魅力を国内外に広めることを目標に、スペインでのセミナー開催や東北プロジェクトを海外に紹介し続けている。

55 渡辺 一馬（わたなべ かずま）さん
（社）ワカツク
代表理事
若者・大学・地域社会と共に、若者が一歩を踏み出す場を提供するため、被災地支援活動への学生ボランティアや長期インターンシップのコーディネートを務める。

観 Recommendation ▶ Festivals, Hot Springs and Hotels
まだあるおすすめ 祭り・温泉・宿

岩手 大槌町
おおつちありがとうロックフェスティバル

「地域に元気と希望を」「全国にの皆さん感謝を」との想いで地元の若者たちが主催する音楽フェス。2014年は8月9日に開催予定。「毎年とっても楽しみにしています。大槌内外の人にとって欠かせないモノになっていくでしょう」」ヤマキイチ商店 胃徹さん ▶ 38
☎ http://www.arifes.jp/

岩手 大船渡市 盛町
盛町の七夕まつり

色とりどりの竹七夕飾りが飾られた通りを、地域ごとの「あんどん七夕山車」が練り歩く「盛町灯ろう七夕まつり」。2014年は8月6・7日に開催。「狭い道を、子供たちが引く大きな山車がすれ違うときの迫力は、大人も圧倒されます。」
Three Peaks Winery 及川武宏さん ▶ 10

古びた小さな商店街が幻想的な風景に変わります。

☎ 0192-26-3981
(盛町夏まつり実行委員会／盛商業福祉会館)

宮城 石巻市
川開き祭り

川の恵みに感謝するとともに先祖を供養するため、大正時代に始まった祭り。花火やパレード、伝統芸能に加え、歴史ある「孫兵衛船競漕」というボートレースも。「毎年7月31日～8月1日の2日間。90年以上も続く石巻最大のお祭りです。」ピースボート 小林深吾さん ▶ 18
☎ 0225-22-0145 (川開祭実行委員会)
☎ http://www.ishinomakikawabiraki.jp/

岩手 釜石市
釜石よいさ

新日鉄高炉の休止で失われた街の活気を取り戻すために始まり、2010年まで24年間続いた祭り。震災後2013年9月に復活した。「踊りも簡単(ただし奥が深いですよ笑)で飛び入り参加でき、大人から子供まで楽しめるお祭りです！」ヤマキイチ商店 君が洞剛一さん ▶ 15
☎ 0193-55-6722 (釜石よいさ実行委員会)
☎ http://www.yoisa.jp/

福島 南相馬市
相馬野馬追

7月の最終土・日・月曜に開催される夏の風物詩「相馬野馬追」は一千有余年受け継がれてきた国指定重要無形民俗文化財。本祭は、行列・甲冑(かっちゅう)競馬・神旗争奪戦が行われ多くの見物客が訪れる。「先祖代々受け継いだ鎧と旗指物を背に武者行列を行うは必見です」。
glowcal 伊藤孝介さん ▶ 4

たとえ盆に実家に帰れなくても野馬追にだけは帰省してました。

☎ 0244-22-3064 (相馬野馬追実行委員会)
☎ http://www6.ocn.ne.jp/~nomaoi/

宮城 石巻市 雄勝町
おがつウニまつり

毎年7月上旬の週末に開催。身入りがよく上質な雄勝のウニをケース(約1㎏)で販売(昨年は1箱1500円)。「雄勝名物、ウニの祭典。早朝からウニを求めて長蛇の列が出来ます。獲れたてのウニを持ち帰り生でいただいたり、焼いたり料理に使ったり、たまりません！」。
sweet treat 311 油井元太郎さん ▶ 50

殻付きのウニを贅沢にケース買い！大人気で来場者は数千人を越えます。

☎ 0225-62-3161 (おがつ復興市実行委員会)

お祭りが見たい！

岩手 宮古市
宮古毛ガニ祭り

「2月の宮古の大人気イベントと言えばこれ。2014年で12回目を迎え、参加地域も来場者も年々増えています。(例年来場者は1万人以上！)毛ガニの一本釣りや輪投げで毛ガニをゲットできるほか、郷土芸能などイベント盛り沢山です！」岩手県北観光 今井仁さん ▶ 5
☎ 0193-62-3534 (宮古観光協会)
☎ http://www.kankou385.jp/

やっぱ温泉でしょう

福島 福島市
高湯温泉 (たかゆおんせん)

あったか湯 / 玉子湯

「福島県は温泉も数多くありますが、中でも福島市の高湯温泉は、泉質が乳白色でとっても気持ちのいい温泉です。安達屋や玉子湯などの旅館が人気ですね」。福島大学准教授 丹波史紀さん ▶ 32

東日本大震災復興支援財団 荒井優さん ▶ 3

僕のおすすめは「あったか湯」。源泉掛け流しの露天風呂に浸かりながら、福島を感じてほしい。

☎ 024-591-1125 (高湯温泉観光協会) ☎ http://www.naf.co.jp/azumatakayu/

次はここ泊まろう～

とおの屋 要
岩手 遠野市

築200年以上の南部建築の米蔵を、日本の風情を残しつつモダンに改築した、1日1組限定の宿。遠野の食材をふんだんに使ったお食事が人気。オーナー自らが手がける発酵食品や、故人作家が残した器。「時」の恵みを味わえる宿。食事のみの予約も可能。

遠野まごころネット 多田一彦さん▶31

> 創作料理が素晴らしい！自家製のどぶろくも絶品！！

📍遠野市材木町2-17 ☎0198-62-7557
🌐 http://www.tonoya-you.com/

民宿 下道荘
宮城 南三陸町 志津川

「漁師でもある旦那・若旦那親子が獲ってきた、志津川湾の海産物づくしの夕食がものすごく豪華。絶対食べてほしい！震災後の再建で建物もお部屋もとっても綺麗で、しかも料金がリーズナブル。大人気のお宿なのでお早めのご予約を！」復興応援団 佐野哲史さん▶22

📍本吉郡南三陸町志津川字袖浜162
☎0226-46-6318
🌐 http://sitamiti.jp/

浜辺の料理宿 宝来館
岩手 釜石市 鵜住居

「窓を開けると波の音が聞こえる素敵な旅館。一度津波に飲まれて一命をとりとめた女将の明るさがたまらない魅力。地元の魚を中心にした料理も美味しい」。東の食の会 高橋大就さん▶30

> 「地域の人々が津波の体験・想いを歌に載せた"いのちてんでんご"の相撲甚句は涙が出るほど感動します」。復興庁岩手局 柴田亮さん▶26

📍釜石市鵜住居町20-93-18 ☎0193-28-2526
🌐 http://houraikan.jp/

EL FARO
宮城 女川町

被災した4つの宿が協力し2012年末にオープン。浸水したエリアでも設置できるトレーラーハウスを使った日本初の宿泊村。名前はスペイン語で灯台という意味。スペインタイルを使った各部屋プレートなど趣向を凝らしている。室内は、訪れた人が皆驚く程広くておしゃれ。

ハーバード大学院 山崎繭加さん▶47

> 少し遠い所にいても、頑張って女川に移動して泊まるほど。大ファンです！

📍牡鹿郡女川町清水町174 ☎0225-98-8703
🌐 http://elfaro365.com/

農家民宿 ゆんた
福島 二本松市

沖縄出身で、福島に移住し半年間有機農業学んだ若者が始めた宿。名前は、畑仕事などの労働をしながら歌う沖縄の民謡「安里屋ユンタ」からつけた。縁側から眺める里山の風景は四季折々に美しい。畑での農業体験や、地域の人々を講師にした里山体験プログラムも行っている。

福島交通観光 支倉文江さん▶36

> 沖縄から就農した若者が始めた宿。景色と居心地がよくてホッとできます。

📍二本松市戸沢字宮ノ入50 ☎080-3273-2349
🌐 http://sansanfarm.com/inn/

浄土ヶ浜パークホテル
岩手 宮古市

「三陸屈指のハイクオリティなホテル。海の幸、山の幸が堪能できるほか、部屋から見られる本州最東端の宮古の朝日は絶景中の絶景。名勝浄土ヶ浜に歩いていけますが、ホテルスタッフ案内の月夜のナイトウォークや朝の魚市場見学などもおすすめです」。復興庁岩手局 柴田亮さん▶26

📍宮古市日立浜町32-4 ☎0193-62-2321
🌐 http://www.jodo-ph.jp/

まだまだある！皆さんのおすすめ 気仙沼プラザホテル(宮城・気仙沼市) 膳場貴子さん▶28、レナータ・ピアッツァさん▶54、七時雨山荘(岩手・八幡平市) 古田秘馬さん▶41 ホテル観洋(宮城・南三陸町) 平賀充記さん▶39、唐桑御殿 つなかん(宮城・気仙沼市) 高橋大就さん▶30

花巻温泉郷
岩手 花巻市 ほか

「日帰りならおすすめは精華の湯(台温泉)。こぢんまりしたお風呂ですが、檜風呂が最高です。宿泊なら…たくさんあるけど、志戸平温泉のホテルは千人風呂という大浴場や川沿いの貸切風呂もあって、気持ちのいい宿です！」

いわて連携復興センター 葛巻徹さん▶16
ヤマキイチ商店 君ヶ洞剛一さん▶15

> 小さい頃からほぼ毎年訪れています！体だけでなく心も癒してくれます。

📍0198-29-4522(花巻観光協会)
🌐 http://www.kanko-hanamaki.ne.jp/

黒崎仙峡温泉
岩手 陸前高田市

三陸海岸沿いの日帰り天然温泉。食事処もある。「陸前高田市の海岸沿いにある温泉です。近くに展望台もあります。元旦には朝6時から開いているので、展望台で初日の出を見て、冷えた体を温泉で温めることもできます」。

三陸魚文化研究所 山村友幸さん▶48

> 太平洋の絶景を見ながら入る温泉は最高！

📍陸前高田市広田町黒崎9-41 ☎0192-57-1126
🌐 http://www.kurosaki-onsen.com/

追分温泉
宮城 石巻市

「ものすごく山の中にあるのに、めちゃめちゃ豪華な海産物が出てくる驚きと、それなのに料金が安い！という驚きにはさまれた挙句、さらにお風呂がめちゃめちゃ良い。雰囲気たっぷりの浴槽はなんと樹齢500年の木でできているとか」。ヤフー 長谷川琢也さん▶35

📍石巻市北上町女川字大峯1
☎0225-67-3209

さあ、皆さん どうぞどうぞ東北へ！！

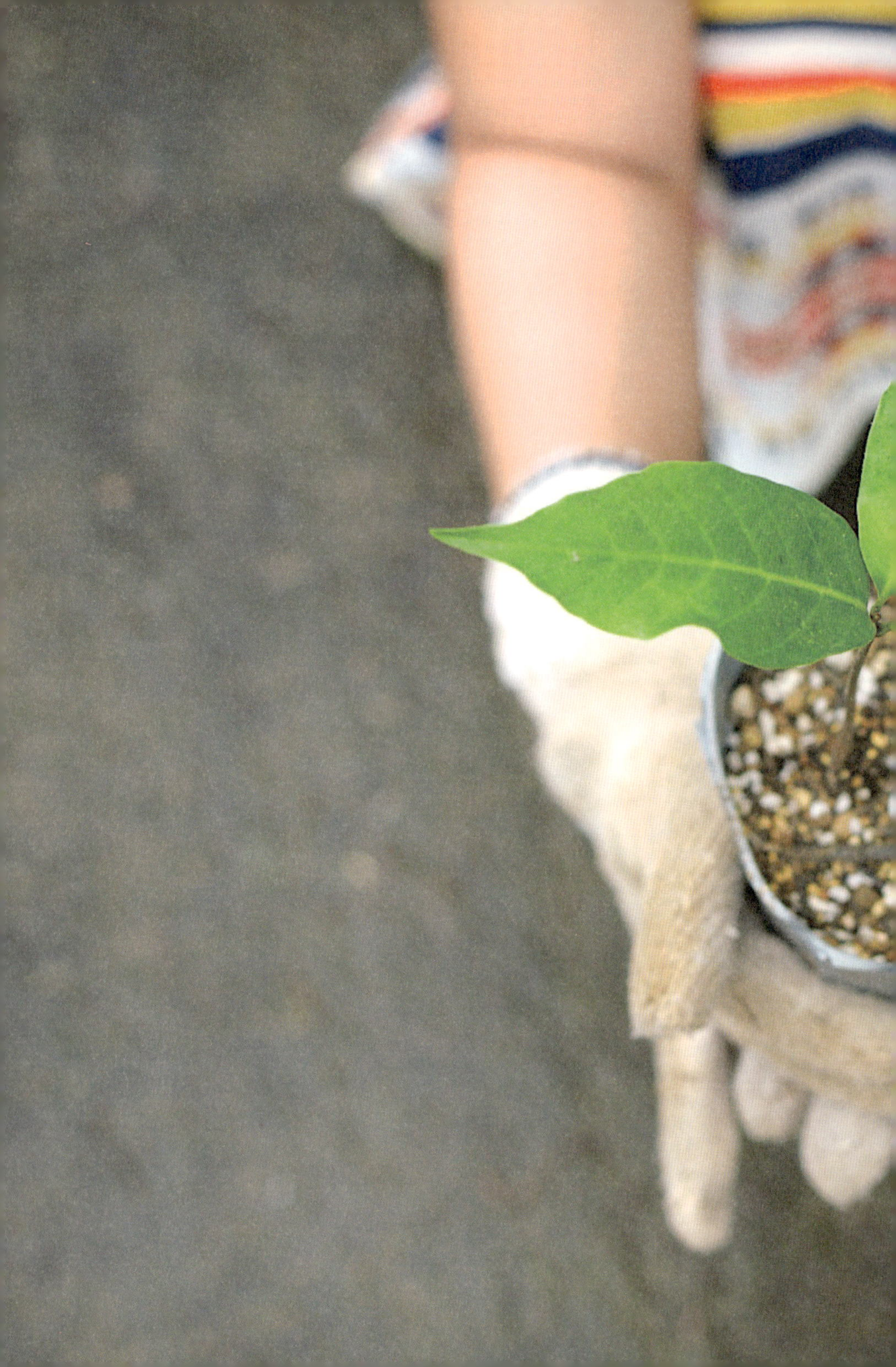

おわりに

東京で生まれ育った私たちは、
震災後の東北に行くようになって、大きな驚きと気づきを得ました。

それらは、私たちがそれまで30数年の人生で
考えてこなかった、むしろ蔑ろにしてきたものであり、
大量消費と効率重視の都市生活の中で
知らぬ間にこぼれ落ちてしまったものたちでした。

震災後、最初に復活していった地域の祭りや神事。
レジャーという消費の対象ではなく
ありのままの自然とともにある生活の美しさ。
人間の力の及ばないものへの尊敬と畏怖と感謝のある生き方。
どんな高級レストランにも劣らない
その土地のとれたての食べ物の味の濃さ、美味しさ。
大きな資産をつくり「勝ち組」になるよりも、
地域、親族で寄り添い助け合い暮らす日々の愉しさと安心感。

東北に脈々と流れてきた文化の中に、
震災を機に東北の方々が見直したものの中に、
本当に大事なものがあると知りました。

「豊かさ」の指標軸がまったく変わってしまった。
「幸せ」のモノサシが取り替えられてしまった。
「美醜」の捉え方がそっくり逆転してしまった。
東北での出会い、語らい、体験の数々によって
まったく新しい世界に生まれ落ちたような感覚になりました。

「被災地」や「フクシマ」という言葉の響きで
見誤ってしまってはいけない。
「風化」だなんて、とんでもない。
今回登場いただいた方々だけでなく、いま東北には
本当にたくさんの希望の種が、着実に芽を出し始めています。
彼らの挑戦が、世間に大きなインパクトを出し
経済新聞に続々と登場するのは、あと2年、5年先かもしれない。
でも間違いなく、この東北の復興現場の中に
次の日本の社会をつくるフロンティアがある。
そう確信しています。

最後に。
この3年間、「復興」の2字のもとに
多種多様かつ変化し続ける課題に立ち向かってきた方々。
どんなに疲れても、投げ出したくても、報酬や賞賛がなくても、
震災の日からずっとずっと、立ち向かい続けている方々。
皆さんに、心の底からの、敬意を表して。

東北復興新聞　編集長
本間　美和

3 YEARS 復興の現場から、希望と愛を込めて

2014年2月25日 初版発行

編　東北復興新聞
著　本間勇輝・本間美和

デザイン　　　高橋実、大津祐子
写　真　　　　Funny!! 平井慶祐、和田剛、岐部淳一郎
イラスト　　　中村純司
A-Works Staff　滝本洋平、二瓶明
Special Thanks　NPO法人HUGスタッフ、復興に取り組む皆様、東北の皆様

発行者　高橋歩

発行・発売　株式会社 A-Works
東京都世田谷区玉川3-38-4 玉川グランドハイツ101　〒158-0094
URL：http://www.a-works.gr.jp/　　E-MAIL：info@a-works.gr.jp

営業　株式会社サンクチュアリ・パブリッシング
東京都渋谷区千駄ヶ谷2-38-1　〒151-0051
TEL：03-5775-5192　FAX：03-5775-5193

印刷・製本　株式会社 光邦

ISBN978-4-902256-55-0
乱丁、落丁本は送料負担でお取り替えいたします。
本書の無断複写・複製・転載を禁じます。

© YUKI & MIWA HOMMA 2014　PRINTED IN JAPAN